汽车车身修复系列课程教材
项目驱动、任务引领型教材

QI CHE TU ZHUANG JI CHU （微课版）
汽车涂装基础

组编　上海景皇科技有限公司
主编　陈昭仁　黄建铭
主审　程玉光

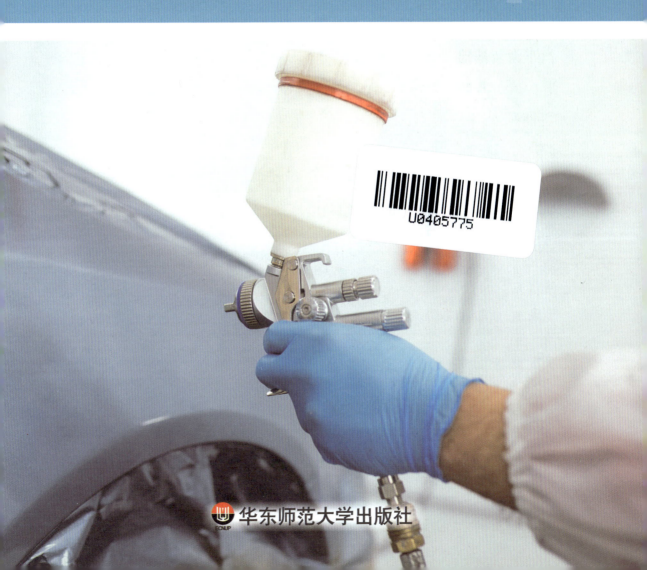

华东师范大学出版社

图书在版编目（CIP）数据

汽车涂装基础/上海景皇科技有限公司组编；陈昭仁，黄建铭主编. —上海：华东师范大学出版社，2019
ISBN 978-7-5675-9082-3

Ⅰ.①汽… Ⅱ.①上… ②陈… ③黄… Ⅲ.①汽车－涂漆－职业教育－教材 Ⅳ.①U472.44

中国版本图书馆 CIP 数据核字（2019）第 077269 号

汽车涂装基础

组　　编	上海景皇科技有限公司
主　　编	陈昭仁　黄建铭
项目编辑	李　琴
特约审读	李秋月
责任校对	孙彤彤
装帧设计	庄玉侠
出版发行	华东师范大学出版社
社　　址	上海市中山北路 3663 号　邮编 200062
网　　址	www.ecnupress.com.cn
电　　话	021-60821666　行政传真 021-62572105
客服电话	021-62865537　门市（邮购）电话 021-62869887
地　　址	上海市中山北路 3663 号华东师范大学校内先锋路口
网　　店	http://hdsdcbs.tmall.com/
印 刷 者	上海昌鑫龙印务有限公司
开　　本	787×1092　16 开
印　　张	10.5
字　　数	242 千字
版　　次	2019 年 7 月第 1 版
印　　次	2019 年 7 月第 1 次
书　　号	ISBN 978-7-5675-9082-3/G·12014
定　　价	33.80 元
出 版 人	王　焰

（如发现本版图书有印订质量问题，请寄回本社客服中心调换或电话 021-62865537 联系）

本书编写委员会

主　任：陈昭仁　黄建铭

委　员：（按姓氏笔画排序）

刘　淼　陕西宝鸡技师学院

李家玉　四川交通职业技术学院

何岩岩　兰州石化职业技术学院

余亚卿　上海景皇科技有限公司

张琪琛　兰州职业技术学院

林广闹　南昌汽车机电学校

贾　亮　安徽阜阳技师学院

序
XU

根据《国家中长期教育改革和发展规划纲要(2010—2020年)》的精神,为进一步推进课程改革和教材建设进程,基于将理实一体化课程改革理念作为课程改革的主导理念,我们以工作任务为课程设置与内容选择的参照点,选择以任务为单位组织内容并以任务活动为主要学习方式的课程模式,编写了车身修复专业系列课程教材。本书《汽车涂装基础》是该系列课程教材的其中一本。

汽车涂装是车身修复专业的核心课程,是直接面向汽车维修企业培养掌握汽车车身修复专业能力,并具有规范的操作技术和良好职业素养的人才的核心课程,其目标是让学生熟悉职业岗位上汽车涂装的工艺流程,掌握车身修复的操作流程及技术要领,为无缝对接工作岗位打下良好基础。

本教材编写基于企业生产实际,在内容的选择和组织上,从理论到实践,坚持"必需、够用"为原则,使学生可以掌握汽车涂装作业的安全防护、旧漆膜去除—羽状边打磨—环氧底漆施工—原子灰调配与刮涂—原子灰干燥与整平—中涂底漆调配与喷涂—中涂底漆干燥与打磨—面漆的调配—面漆的喷涂—面漆的修整等理论知识与操作技能。

教材强调以实践为主、理论为辅,以培养学生能力为本。为了让学生更好地巩固所学知识,本书在每个学习任务后面都附有习题,以帮助加深理论知识的理解;每个学习任务还设置了实操工作任务书,指导学生从实操过程中学习理论知识和现在行业内的标准工序工艺,无缝对接实际岗位需求。

教材编排目标明确、体例新颖、结构合理,符合学生的认知规律和兴趣特点,适合学校精品专业建设发展需求。

程玉光

2019 年 6 月

前言
QIANYAN

  随着汽车市场的逐步成熟、理性,市场趋于饱和下的市场竞争加剧,汽车产业链的盈利模式逐步向汽车后市场转移。汽车金融、维修保养、汽车拆解再利用等领域利润在整个汽车产业链中的比重越来越大。在成熟汽车市场中,整个产业链60%以上的利润来源于汽车后市场。同时在汽车维修保养模块,汽车各类技术的快速发展,汽车零(部)件质量及可靠性越来越高,在实际维修中,机械电器维修占比越来越低,调查数据显示,车辆每年进行发动机大修率几乎为零,底盘维修率为每年2次,而事故车在修理厂不论从数量上还是从营业额或利润上所占比重越来越高。

  汽车专业的课程内容应注重坚持理论联系实践的原则,将理论知识与实践结合,突出实践培训。基于现代汽车售后维修形式的改变,为了帮助学校更好地开展车身修复专业建设和课程教学,我们结合诸多资源编写了一套符合现代汽车车身修复专业教学体系的"项目驱动、任务引领"型教材。

  《汽车涂装基础》一书涵盖现代主流的无尘干研磨工艺、水性漆涂装工艺、汽车车身涂装工具设备介绍等,内容详实而全面。书本内部嵌入二维码,将纸质书和数字化资源紧密贴合,同时配套有相应的学习任务书,将专业理论与实训教学紧密结合。

  本书编写融合了"新知识、新技术、新工艺、新方法"的要求,教材编排目标明确、体例新颖、结构合理,符合学生的认知规律和兴趣特点,适合学校品牌专业建设发展需求。

本系列课程教材的主要特色有：

1. 课程强调以实践为主,理论为辅。
2. 以能力为本位,以就业为导向,面向最贴近生产实际的教学任务。
3. 体现"做中学"的教学理念。
4. 课程设计采用文字、图像、动画、视频等多媒体教学形式,配套资源丰富。

本书相关资源请登录"http://have.ecnupress.com.cn",在"资源下载"栏目下搜索"汽车涂装"进行下载。

编　者

2019 年 6 月

目 录

项目一　涂装车间作业安全防护与 6S 管理 ········· 1

　活动一　涂装车间作业安全防护 ········· 2
　　一、漆面修补作业中接触的有害物及对人体的伤害 ········· 2
　　二、涂装安全防护用品 ········· 4
　　三、涂装各作业过程中防护用品的穿戴 ········· 6
　　四、涂装作业过程中应急措施 ········· 7
　活动二　涂装车间 6S 管理 ········· 9
　　一、车间 6S 管理意义 ········· 9
　　二、车间 6S 管理定义 ········· 9
　　三、车间 6S 管理途径 ········· 11

项目二　汽车涂装基础知识 ········· 21

　活动一　汽车涂装基础介绍 ········· 22
　　一、汽车车身涂装的作用 ········· 22
　　二、汽车涂料的组成 ········· 23
　　三、汽车涂料的干燥方式 ········· 24
　　四、汽车修补涂料的种类 ········· 26
　活动二　OEM 涂装工艺与汽车修补漆涂装工艺 ········· 32
　　一、OEM 涂装工艺 ········· 32
　　二、汽车漆面修补涂装工艺 ········· 36

项目三　汽车涂装车间布局及基本工具设备 ········· 41

　活动一　汽车涂装车间布局 ········· 42
　　汽车涂装工位布局 ········· 42
　活动二　汽车涂装车间基本工具设备 ········· 49

一、压缩空气供给系统 …………………………………… 49
　　二、研磨作业工具设备及耗材 …………………………… 52
　　三、原子灰施工作业工具设备及耗材 …………………… 60
　　四、中涂底漆施工作业工具设备及耗材 ………………… 62
　　五、涂料调配作业工具设备 ……………………………… 65
　　六、面漆施工作业工具设备 ……………………………… 68
　　七、喷枪清洗与维护工具设备 …………………………… 69

项目四　常规漆面修复 …………………………………… 71

活动一　底材处理 ………………………………………… 72
　　一、清洁损伤区域 ………………………………………… 73
　　二、粘贴防护 ……………………………………………… 73
　　三、漆面类型评估 ………………………………………… 74
　　四、损伤评估 ……………………………………………… 74
　　五、损伤涂层去除 ………………………………………… 76
　　六、羽状边打磨 …………………………………………… 77
　　七、清洁脱脂 ……………………………………………… 78
　　八、防锈处理 ……………………………………………… 78

活动二　原子灰的施工 …………………………………… 80
　　一、原子灰的选择 ………………………………………… 80
　　二、原子灰的调配 ………………………………………… 81
　　三、原子灰的刮涂与干燥 ………………………………… 83

活动三　中涂底漆的施工 ………………………………… 90
　　一、中涂底漆喷涂前的遮蔽贴护 ………………………… 90
　　二、中涂底漆的调配 ……………………………………… 91
　　三、中涂底漆的喷涂 ……………………………………… 92
　　四、中涂底漆的打磨 ……………………………………… 94

活动四　面漆的施工 ……………………………………… 98
　　一、面漆喷涂前贴护遮蔽 ………………………………… 98
　　二、底色漆的调配 ………………………………………… 98
　　三、清漆的调配 …………………………………………… 112
　　四、面漆的喷涂 …………………………………………… 114

项目五 喷枪的清洗与保养 ... 119

活动一 喷枪的介绍 ... 120
  一、喷枪的种类 ... 120
  二、喷枪的组成 ... 123
  三、喷枪的调整 ... 125
  四、喷涂的运枪方法 ... 129

活动二 喷枪的清洗与保养 ... 132
  一、喷枪的手工清洗 ... 132
  二、喷枪的机器清洗 ... 135
  三、喷枪的维护与保养 ... 137

项目六 漆面抛光工艺 ... 139

活动一 漆面缺陷评估 ... 140
  一、涂料的不良状况 ... 140
  二、色差 ... 141
  三、异物——尘点 ... 142
  四、桔皮 ... 143
  五、流痕或垂流 ... 144
  六、表面雾化 ... 144
  七、针孔 ... 145
  八、起泡（水泡） ... 146
  九、水渍 ... 147

活动二 漆面抛光工艺 ... 148
  一、抛光作业的三要素 ... 148
  二、汽车抛光工具设备及辅料 ... 149
  三、汽车抛光作业流程 ... 150
  四、汽车抛光作业注意事项 ... 153

特别鸣谢 ... 154

项目一 涂装车间作业安全防护与 6S 管理

在汽车涂装施工操作中,安全生产和个人防护是防止发生火灾、伤亡事故、职业病,保障员工身体健康的重要措施。涂料中的稀释剂都是易燃品,都易挥发且有一定的毒性,施工过程中还会产生大量的飞漆和粉尘,若不严格遵守安全操作规程和安全施工方法,极易发生生产事故。事故造成的伤害,轻者损害健康,重者则可能引起残疾,甚至死亡。所以,喷漆作业者在进行每一项作业时都要以安全和健康为前提。需要始终牢记:在工作中采取安全防护措施的成本,永远都比丧失或部分丧失劳动能力的损失低得多。

除个人安全防护外,良好的涂装车间 6S 管理是确保安全生产与精准生产的保障,车间 6S 管理包含整理(SEIRI)、整顿(SEITON)、清扫(SEISO)、清洁(SETKETSU)、素养(SHITSUKE)、安全(SECURITY)6 个项目,其通过各种途径规范现场、现物,营造一目了然的工作环境,培养员工良好的工作习惯,其最终目的是提升人的品质,养成良好的工作习惯。

活动一　涂装车间作业安全防护

活动目标

知识目标	列举出漆面修补作业中接触的有害物及对人体的伤害
	说出汽车涂装作业安全防护用品的种类及作用
	熟知汽车涂装作业过程中的应急措施
技能目标	能够根据涂装作业的类型正确选择与佩戴安全防护用具

知识准备

在汽车涂装施工操作中,安全生产和个人防护是防止发生火灾、伤亡事故、职业病,保障员工身体健康的重要措施。大多数涂料都是易燃品,都易挥发且有一定的毒性,施工过程中还会产生大量的飞漆和粉尘,若不严格遵守安全操作规程和安全施工方法,极易发生生产事故。事故造成的伤害,轻者损害健康,重者则可能引起残疾,甚至死亡。所以,喷漆作业者在进行每一项作业时都要以安全和健康为前提。需要始终牢记:在工作中采取安全防护措施的成本,永远都比丧失或部分丧失劳动能力的损失低得多。

一、漆面修补作业中接触的有害物及对人体的伤害

在汽车漆面修补作业过程中,漆工会经常接触到各种不同车身漆面修补用的涂料,如有机溶剂、原子灰固化剂、色母,以及打磨粉尘等,如果不做正确的安全防护将会对身体各个器官造成较大的伤害,如图1-1所示,同时喷涂车间的设施、作业环境也非常重要。

1. 打磨作业研磨粉尘对人体的伤害

在汽车漆面修补作业中,底材处理作业、原子灰施工作业、中涂底漆施工作业、抛光作业中都包含有大量的打磨工作,如图1-2所示,而打磨作业避免不了粉尘的产生,打磨的车身涂料粉尘通过呼吸道和皮肤进入人体,将很难排出,所以在操作前必须做好充足的安全防护,否则将会对人体造成一定的伤害。

① 接触或吸入粉尘,首先对皮肤、角膜、粘膜等产生局部的刺激作用,并产生一系列的病变。如粉尘作用于呼吸道,早期可引起鼻腔粘膜机能亢进,毛细血管扩张,久之便形成肥大性鼻炎,最后由于粘膜营养供应不足而形成萎缩性鼻炎。还可形成咽炎、喉炎、气管及支气管炎。作用于皮肤、可形成粉刺、毛囊炎、脓皮病。

② 长期吸入粉尘会引起肺部弥漫性、进行性纤维化为主的全身疾病。

正确的安全防护

错误的安全防护

图 1-1　涂装作业安全防护

图 1-2　研磨作业

研磨粉尘

③ 粉尘长期聚积会造成肺炎及中毒。

2. 喷漆作业常用的材料以及对人体的伤害

（1）水性漆与溶剂型涂料

水性漆稀释剂采用的是水，但其基本成分中还是存在挥发性有机溶剂（VOCs，挥发性有机物），相比溶剂型涂料，水性漆是环保的，其 VOCs 排放量极低，但对于漆工个人安全与健康而言，危害依然存在。而且现在大部分使用的水性漆是底漆和色漆，清漆依然是溶剂型。

溶剂型涂料稀释剂采用的是挥发性有机溶剂，基本成分还含有大量的有机溶剂，在没有正确安全防护下，对漆工个人安全与健康存在较大的危害，如图 1-3 所示为水性漆和溶剂型漆的组成对比。

水性漆与溶剂型涂料对人体危害如下：

① 涂料中的颜料可能含有铅、铬、镉等重金属。其中铅会破坏人体的神经系统、血液系统、肾脏系统、生殖系统；铬会破坏人体的呼吸道、消化道，引起皮肤溃伤；镉会破坏人体的呼吸道、肾脏系统。

② 溶剂和稀释剂中含有的甲苯、二甲苯会破坏中枢神经、皮肤，以及肝脏。

挥发性有机物

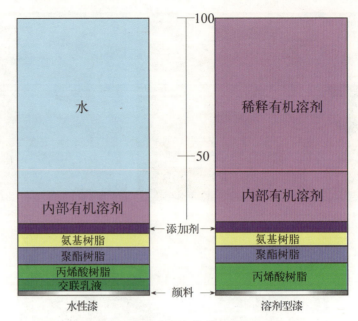

图1-3 水性漆和溶剂型漆的组成对比

(2) 固化剂

固化剂中的聚异氰酸酯,可导致眼睛酸痛、喉咙酸痛、皮疹、呼吸困难、头晕目眩及哮喘。

二、涂装安全防护用品

个人安全防护就是按照操作安全要求佩戴安全防护器具,安全防护器具是指在维修作业时直接穿戴在身上,以保护身体的某些或全部部位的器具,使其免受伤害,或者将维修导致的伤害降低到最低。

个人安全防护器具是保护操作人员人体健康的最后一道防线。防护的对象有呼吸器官、头部、手部、皮肤、眼睛、耳朵及身体的其他部位,如图1-4所示,各种防护器具因保护身体部位及

个人安全防护

呼吸器官、头部、手部、皮肤、眼睛、耳朵

图1-4 身体的各个器官

工作性质的不同,故其构造、性能及使用方法也会有所不同。

1. 耳朵的防护

在汽车漆面修补作业过程中,车间汽车喷烤漆房、干研磨准备区等机器运作过程中会产生较高分贝的噪声,若长期处于高分贝维修作业环境下,有可能导致听觉的障碍。因此作业人员必须佩戴耳塞来降低噪声分贝,以保护自身耳朵的健康,同时可以防止打磨粉尘、挥发性有机溶剂进入耳朵造成损伤,如图1-5所示为耳朵防护用具。

防护装备

图1-5 耳朵防护用具——耳塞

2. 呼吸道的防护

汽车漆面修补作业中的研磨粉尘颗粒、挥发性有机溶剂、固化剂中的聚异氰酸酯直接吸入对人体呼吸道将造成不可估量的伤害,正确选择与佩戴呼吸系统防护用具是有效地保障个人健康的措施之一。

在漆面打磨作业中,防尘口罩能有效保护呼吸系统免受打磨产生的固体微粒的侵害;在原子灰调配与刮涂作业中,过滤式呼吸面罩能有效保护呼吸系统免受固化剂中的聚异氰酸酯挥发的侵害;在涂料调配与喷涂作业中,使用供气式防毒面罩能够有效保护呼吸系统免受挥发性有机溶剂、漆料颗粒的侵害,如图1-6所示。

防尘口罩　　　　　过滤式呼吸面罩　　　　　供气式防毒面罩

图1-6 呼吸系统防护用具

3. 眼睛的防护

在车身涂装作业中,对眼睛产生直接伤害的有稀释剂、固化剂或涂料飞溅,以及打磨灰尘等,针对这些可能造成眼睛直接伤害的作业因素,正确地佩戴护目镜是非常重要的,如图1-7所示。

4. 手部的防护

手部正确的防护就是根据作业工艺的不同佩戴正确的手套,防护手套分棉纱手套和耐溶剂手套两种,如图1-8所示,棉纱手套在漆面修补中多用于打磨作业时佩戴,而耐溶剂手套多用在原子灰调配与打磨、漆料的调配与喷涂等作业中。

图1-7　正确佩戴护目镜　　　　图1-8　手部的防护用具

5. 身体的防护

在涂装作业中,对身体健康的安全防护就是正确选择和穿工作服,工作服可防止化学物品、溶剂、粉尘与身体直接发生接触,从而引起不必要的身体伤害。因此在任何作业中都必须穿工作服,注意在喷漆时应穿防静电喷漆服,如图1-9所示。

图1-9　防静电喷漆服　　　　图1-10　足部安全防护用具——安全鞋

6. 足部的防护

作业人员进入涂装车间前,必须穿上安全鞋,其有防穿刺,鞋头部带钢片防砸、防压,鞋底绝缘性好、耐溶剂、耐滑性好等特点,用于保护足部的健康,如图1-10所示。

三、涂装各作业过程中防护用品的穿戴

涂装各作业过程中防护用品的穿戴如表1-1所示。

表 1-1 涂装各作业过程中防护用品的穿戴

作业安全防护图片	安全防护用具说明	适用工序
	棉布帽 护目镜 防尘口罩 棉布工作服 棉纱手套 安全鞋	表面处理 打磨原子灰和底漆 抛光
	棉布帽 护目镜 过滤式呼吸面罩(防毒口罩) 棉布工作服 耐溶剂手套 安全鞋	表面处理 调色 除油 除漆
	供气式防毒面罩 防静电喷漆服 耐溶剂手套 安全鞋	喷涂底漆和面漆

四、涂装作业过程中应急措施

1. 不慎吸入

如果不慎吸入有毒气体,应该立即将人从被污染区域移走,保持身体温暖,让受害者休息并送医院。

2. 皮肤接触

① 如果皮肤接触到有害物质,应该立即脱去所有被污染的物品(衣物和鞋)。
② 救治受污染的人员时,使用配戴适当的保护用品。
③ 用大量清水冲洗,不要使用溶剂或稀释剂。
④ 如果身体部位出现红肿、发炎等情况立即就医。

3. 眼睛接触

在涂漆作业过程中涂料、溶剂不小心飞入眼睛时,需立即用应急冲淋洗眼器冲眼睛,且勿揉搓眼睛,严重时立即送医院治疗,不得用普通的水龙头对着眼睛冲洗,以免造成二次伤害。

4. 不慎食入

如果不慎食入有害物质,严禁使用各种方法催吐,保持放松,立即就医。

活动二 涂装车间 6S 管理

知识目标	说出车间 6S 管理的意义
	说出车间 6S 管理的基本定义
技能目标	通过多种途径对涂装车间进行 6S 管理

一、车间 6S 管理意义

车间 6S 管理就是让车间维修人员、设备、材料、流程、环境、车辆、工位这些元素有机结合并且保持井然有序和高效与和谐地完成目标工作。主要的意义有：

① 提高工作效率。
② 提高客户的满意度。
③ 提高员工满意度。
④ 提高企业效益。
⑤ 减少矛盾的产生。
⑥ 减少安全问题的发生。
⑦ 提升车间管理便利性。

奉行6S可
创造的成效

二、车间 6S 管理定义

车间 6S 管理是由 5S 扩展而来，包含整理（SEIRI）、整顿（SEITON）、清扫（SEISO）、清洁（SETKETSU）、素养（SHITSUKE）、安全（SECURITY）6 个项目，其是中国针对国内的车间现场实际情况在日本原有 5S 管理的基础上加上安全（SECURITY）最终形成的，主要是通过规范现场、现物，营造一目了然的工作环境，培养员工良好的工作习惯，其最终目的是提升人的品质，养成良好的工作习惯。

1. 整理（SEIRI）

① 含义：将工作场所内必要的东西与不必要的东西明确、严格地区分开来；不必要的东西要尽快处理。通过整理可以改善或增加作业面积，减少磕碰；有利于提高产品质量；消除管理上的混放、混料等差错事故；有利于减少库存，节约资金。

6S定义

② 实施要领:
◇ 对工作场所(范围)进行全面检查,包括看得到和看不到的地方。
◇ 制定"要"和"不要"的判别规则。
◇ 将不要的物品清除出工作场所。
◇ 调查物品的使用频率,决定日常用量及放置位置。

③ 功效:最佳推销员——干净整洁的工厂才会让顾客有信心,乐于下订单并口口相传,提升车主对维修厂的信任度;另一方面,整洁明朗的环境能够让员工拥有一个轻松、快乐的工作心情。

2. 整顿(SEITON)

① 含义:整顿是整理的更进一步工作。整顿是对整理之后留在现场的必需品分门别类后放置在指定的位置,排列整齐,以便方便快速地取得所需之物,并明确物品数量,进行有效标识。通过整顿,工作场所会变得一目了然,能马上发现异常情况并及时处理,节省寻找物件的时间,提高工作效率,减少浪费和非必需作业。

② 实施要领:
◇ 明确需要物品的放置场所。
◇ 物品摆放整齐、有条不紊。
◇ 地板划线定位。
◇ 场所、物品标示清晰。
◇ 物品摆放要节约空间、时间以及资源。

③ 功效:节约家——降低不必要的材料以及工具浪费,节省时间,降低工时,提高效率。

3. 清扫(SEISO)

① 含义:将工作场所清扫干净;保持工作场所干净、整洁。

② 实施要领:
◇ 在室内、室外建立清扫责任区。
◇ 定期扫除,清理脏污。
◇ 调查污染源,对污染源予以隔离。
◇ 建立清扫基准作为规范。

③ 功效:安全保障者——创造明亮、清洁、开阔的工作场所;遵守堆积限制,使危险处一目了然;走道明确,保证工作顺利进行。

4. 清洁(SEIKETSU)

① 含义:将整理、整顿、清扫三项内容制度化、规范化。

② 实施要领:
◇ 落实整理、整顿、清扫三项工作。
◇ 制订目视管理的基准。
◇ 制订考评方法。
◇ 制订奖惩制度,加强执行。

③ 功效:标准化的推动者——制定"三定"、"三要素"原则,规范作业现场,保证工作人员按照规定执行任务,保证程序稳定、品质稳定、成本稳定。

5. 素养(SHITSUKE)

① 含义：通过员工培训等方法，提高员工文明礼貌水准，增强团队意识，养成按规定行事的良好工作习惯。

② 实施要领：

◇ 制订公司有关规则、规定。

◇ 制订礼仪守则。

◇ 教育训练(新进人员强化 6S 教育、实践)。

◇ 推动各种精神提升活动(晨会，例行打招呼、礼貌用语等)。

◇ 推动各种激励活动，遵守规章制度。

③ 功效：打造令人满意的职场——创造明亮、清洁的工作场所，使员工有成就感，改善工作气氛。

6. 安全(SECURITY)

① 含义：实施安全标准作业，生命第一。同时通过重视员工安全教育培训、张贴安全作业规范等多措并举，要确保员工每时每刻都有"安全第一"观念，防患于未然。

② 实施要领：

◇ 宣讲培训作业安全的重要性

◇ 在作业区域张贴安全作业规范

◇ 在危险作业区域张贴危险标识，如高压危险、有腐蚀危险、粉尘危害、爆炸危险等。

◇ 制定安全作业考评方法，加强员工的执行力度。

③ 功效：生命的守护者——建立安全的作业环境，实施安全的作业标准，倡导"安全才是第一生产力"，保证作业人员的作业安全。

三、车间 6S 管理途径

将 6S 管理的理念具体到车间布局设计、工位设计、调漆房设计、工具设备安排、H.S.E.[健康(Health)、安全(Safety)和环境(Environment)]这五个方面，使用标准化的设计将 6S 管理的理念转化到实际应用中去。

1. 车间布局标准化

(1) 车间布局设计标准化——原则

● 车辆单向流动。

● 车辆和施工人员在车间里完成所有喷涂工序的移动次数最少、距离最短。

● 合适的工位和过道布置，确保场地利用率最大化。

● 工位、烤漆房、储存空间、调漆房等布局，以及相应的数量需依据车间实际情况而定。

● 充足的光线和光源，合理的照明方案。

● 充分考虑季节以及周边环境对布局的影响。

● 符合当地法律法规的相关规定。

(2) 车间布局标准——工位/车道

● 工位的标准：4 m×7 m(确保宽度不低于 3.75 m)。

工厂管理

- 车道的标准：6 m 宽(单车道确保不低于 5 m)。
- 如车间需要修理大型车辆,也需按照具体状况设计专用工位。

(3) 车间布局标准——烤漆房

烤漆房/快修房布置需要考虑：
- 周边环境——车辆进出。
- 进出风管——进排风管线布置。
- 电力负荷——柴油加热或电加热。
- 保养——定期保养维护。
- 与调漆房的距离——减少移动距离。

(4) 车间布局标准——调漆房

调漆房的设置遵循以下原则：
- 需临近烤漆房与快修房。
- 采光充足但也要避免阳光的长时间直射。
- 调漆房避免布置在环境较差的环境中。
- 调漆房需布置在远离生活设施的位置。

(5) 车间布局标准——地面

地面有清晰的工位分隔线和地面方向箭头,如图 1-11 所示。

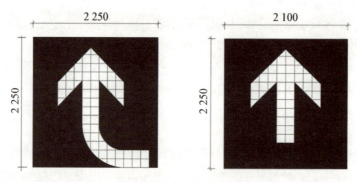

图 1-11 地面方向箭头

(6) 车间布局标准——照明
- 照明要求以自然光为主,但同时也需配备充足的照明设备。
- 照明设备应尽可能采用不影响判断涂料颜色的光源,建议采用飞利浦 956 作为光源,如图 1-12 所示。
- 危险品存放区域使用防爆灯,比如调漆房涂料储存间。

2. 工位标准化

汽车喷漆车间工位包含快修工位、原子灰工位、中涂工位、遮蔽工位、底漆房工位、抛光工位,每一个工位都有其特定的作用所在。所以合理的布局特别重要,如图 1-13 所示为汽车喷漆车间工位布局,并且每一个工位上都必须有工位指示牌、设备定位牌、工位维护责任牌、设备维护牌、工序流程图、检验流程图,以及安全防护图。

图 1-12 车间照明

图 1-13 工位合理标准化

3. 调漆间标准化

调漆房可以分为调漆间(内间)和操作间(外间),调漆间用于查颜色配方,调配色漆;操作间用于喷小样板、调配色漆外的涂料(比如清漆、底漆)、涂料工具清洗、涂料及有机溶剂库存等。如喷涂车间的调漆间处于一个脏、乱、杂状态,会导致漆料的浪费、环境污染,而合理的调漆间应该有工具设备定位牌、维护责任牌、设备维护牌、涂料配色方案等,如图 1-14 所示。

调漆间布局

图 1-14 调漆间合理标准化

4. 设备工具标准化

现在有部分喷涂车间工具设备处于一个较为杂乱的状态,导致工具设备以及耗材的快速损坏消耗。如果可以根据工种的需求在工具车各个放置层分类放置工具设备,如图 1-15 所示,将可以大大提高工作效率,同时降低工具设备、耗材的损耗。

图 1-15 工具设备合理安排

5. H.S.E.标准化

H.S.E.是健康(Health)、安全(Safety)和环境(Environment)管理体系的简称。由于喷漆车间有一定的风险性,因此在车间中做到 H.S.E.标准化对于保护环境、保障工人健康和降低工人出现事故的概率都能起到一定的帮助。

(1) 健康(Health)

涂装车间内存在着多种可能对人体健康产生威胁的因素,因此保证健康的一个有效措施就是在每一个工序都要进行防护。并且在进入作业的地方张贴安全防护标准标示。如图 1-16 所示为进入中涂喷涂房及进入汽车喷烤房内作业时必要的特殊防护图示。

图 1-16 进入中涂喷涂房及进入烤房内作业时必要的特殊防护图示

(2) 安全(Safety)

汽车喷涂车间的安全隐患来自火灾与意外工伤事故。

1) 喷涂车间火灾的预防

① 禁止明火。喷涂车间禁止抽烟;杜绝带入打火机、火柴等引发明火的火种。另外,对于由打磨或焊接造成的明火,要把这些工位设置在离易燃品较远的地方,以防互相接触,如图 1-17 所示。

图 1-17 禁止明火

② 避免积聚静电。在喷涂车间中容易产生静电的地方设置接地导线,如图 1-18 所示为溶剂必须可靠接地。

图 1-18 溶剂必须可靠接地

③ 中涂房、烤房定期维护。中涂房、烤房的风机风扇和通风管道容易积聚涂料渣滓,烤房必须定期维护,以免高温引起涂料渣滓的燃烧而引起火灾。

④ 安全收纳。色母使用完毕后立刻放回调漆架上,如图1-19所示。其他材料(如稀释剂等)置于专门的操作台上,防止随手乱放。

图1-19 安全收纳

⑤ 涂料废料回收。如果有可能,涂料废料经过专门的溶剂回收机进行回收,如图1-20所示。一般情况下,涂料废料也不能直接倾倒,可设置专门的废涂料回收罐。

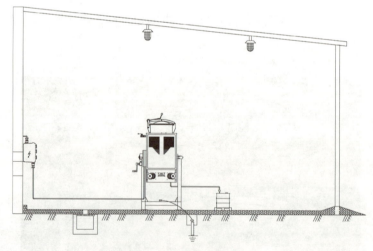

图1-20 涂料废料回收

⑥ 空涂料罐安全回收。设置涂料空罐的回收点,严禁随意丢弃或随意堆放,如图1-21所示。

2) 意外工伤事故

车间中主要的工伤事故和应对措施如表1-2所示。

(a) 不安全存储　　　　　　　　(b) 安全存储

图 1-21　空涂料罐安全回收

表 1-2　车间中主要的工伤事故和应对措施

工伤事故	应 对 措 施
触　电	设备和工具的电源线避免接触到车间地面的积水。设备如不使用,将电源线收回到专门的收纳装置中并断开电源。
车辆撞伤	工人在工位上进行施工,不准在车道上以及工位线上工作;尽量避免蹲着工作。
呼吸道疾病	在喷涂施工中特别是打磨和喷涂面漆的过程中进行正确的防护,比如佩戴防毒面具。 时常清理工位上的灰尘,保持地面整洁,建议在打磨工位上设置通风过滤设备。
化学品灼伤	在喷涂施工中进行正确的防护。正确使用各种涂料产品并注意每次使用后将涂料罐盖紧。
外　伤	各种工件归放到位并进行必要的固定,禁止将各类工件随意摆放在车间地面上或其他有可能对人造成伤害的地点。

(3) 环境(Environment)

喷涂车间的维修施工过程会产生很多废弃物,这些废弃物如果处置不当会对环境造成很大影响,主要是对空气、土地和水产生污染,如图 1-22 所示。喷涂车间主要是涂料喷涂中产生的废弃物:遮蔽材料、打磨中产生的粉尘(沾水后会变成泥状沉淀物)、喷漆漆雾及吸附它的过滤材料(如烤房顶棉等),涂料废料等。

1) 喷漆车间固体废弃物处置方案

来自喷漆车间的一般固体废弃物如遮蔽纸、遮蔽胶带、遮蔽塑料等,尽可能地将这些废料压缩到最小,并且在积聚一定程度后及时打包压缩、清理,如图 1-23 所示。

2) 喷漆车间化学废弃物处置

来自喷漆车间的化学液体废弃物如废涂料、稀释剂等,此类废弃物含危害环境的成分,因此

图1-22 环境污染(空气、土地、水资源)

图1-23 喷漆车间固体废弃物处置

绝对禁止将此类化学液体废弃物直接倾倒至下水道。

正确的方法是通过专门的溶剂回收机进行回收,如果没有溶剂回收机也应该安置专门的容器存放此类废弃物。

对于用过的废涂料罐,可使用泄流的方法将未用完的涂料完全排出。收集的化学液体废弃物可交由专业的处置公司进行后处理,如图1-24所示。

图1-24 喷漆车间化学废弃物处置

3) 特殊固体废弃物处置方案

来自喷漆车间的特殊固体废弃物如废涂料罐、涂料渣滓等,因此类垃圾含有涂料成分,因此不能同一般垃圾般处置。车间应该设有专门的容器盛放此类废弃物。收集的此类废弃物可交由专业的处置公司进行后处理,如图1-25所示。

图1-25 特殊固体废弃物处置

项目二　汽车涂装基础知识

　　汽车车身涂装是指将涂料涂覆于物体表面(基底表面),经干燥成膜的工艺,固化后的汽车漆膜涂层一般是由两层以上的涂膜所组成的复合层。在汽车OEM制造汽车时,涂装工序是必不可少的工序之一,车身90%用的是金属底材,都采用自动化设备传输涂料等对汽车进行涂装,以起到保护金属底材、装饰等作用。而在汽车漆面修补涂装领域,均是采用人工借助空气喷枪喷涂来对受损漆面进行修复。

活动一　汽车涂装基础介绍

知识目标	列举出汽车车身涂装的作用
	说出汽车车身涂料的基本组成
	列举出汽车涂料干燥方式的种类
	说出汽车修补涂料的种类

汽车车身涂装工艺是指将涂料涂覆于物体表面（基底表面），经干燥成膜的工艺，已固化的涂料膜称为涂膜或涂层，汽车车身涂层一般是由两层以上的涂膜所组成的复合层，如图2-1所示为汽车车身原厂涂层。

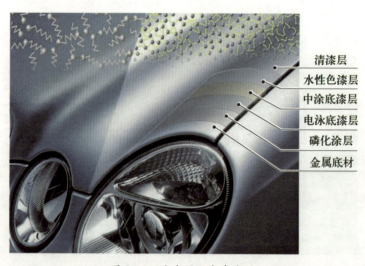

清漆层
水性色漆层
中涂底漆层
电泳底漆层
磷化涂层
金属底材

图2-1　汽车原厂车身涂层

一、汽车车身涂装的作用

1. 防腐蚀，保护金属底材

汽车车身涂装施工，一方面使涂料在被涂物表面形成牢固的、连续的涂层，从而隔绝空气中的水分、酸、碱、盐、微生物及其他腐蚀性介质和紫外线等对车身裸露金属底材的破坏,或者通过涂层的隔绝作用减少或避免直接的机械碰撞、日晒雨淋等损伤,以减缓底材的损坏速度,延长使用寿命。另一方面,车身涂装某些工序(如磷化)与金属底材进行化学反应,使金属表面钝化,加强了涂层的防腐蚀能力。

2. 装饰作用

车身金属底材的角度很多,有直角、平面、弧角等。如果将其表层施以颜色,就会展现出立体及色彩美感,达到装饰的作用。

3. 色彩标识作用

汽车车身的颜色不同体现不同的用途,如部队用的军车、工程车、消防车、巡逻车等都有自己特别的色彩,如图2-2所示。

图2-2 汽车车身的颜色不同体现不同的用途

4. 特殊作用

某些涂装借助具有特殊组成的专用涂料形成的涂层,具有特殊的功能,如隔声、绝热、防火、防滑、防辐射、绝缘和伪装等功能。汽车底盘的塑料装甲具有良好的防止沙石的撞击、泥水酸碱的腐蚀作用和隔声效果。

二、汽车涂料的组成

汽车车身涂料是指喷涂于车身表面,能形成牢固附着的,连续的,具有保护、装饰和特殊性能(如:绝缘、防腐、标志、伪装等)涂膜的有机高分子化合物或无机化合物的液态材料,主要是用颜料、树脂、溶剂、添加剂四种成分混合而成的高黏度液体,在汽车漆面修补作业时,在涂料中还需要加入固化剂,促使涂料中的树脂发生交联反应,形成涂膜。

1. 颜料——为涂层提供色彩和填充性

颜料是涂料中的两种非挥发性成膜物质之一(保持干燥的漆膜的部分),也是涂料的主体成分。汽车涂料中的颜料是一种固体粉末,可给汽车车身涂层提供颜色及耐久性,具备填充性,同时还可以提高表面强度与粘合性、改变光泽及改善空气流动特性,如图2-3所示。

图2-3 颜料粉末

2. 树脂——结合湿润颜料,提供附着力、光泽度、硬度和耐久性

图 2-4 树脂

树脂是涂料中的粘合剂,一般由天然树脂(如松香)或者合成树脂(如甲基丙烯酸甲酯、聚氨基甲酸乙酯、聚苯乙烯、聚氯乙烯等)组成,其决定着所要调配的涂料类型,如图 2-4 所示。树脂是涂料中另一种非挥发性成膜物质,它用于连接颜料和赋予漆膜光泽和硬度、平滑性、密着性等性能的一种乳白色黏稠液体,是涂料的骨架。

树脂中一般用增塑剂和催化剂加以改性,可以改进车身涂料的耐久性、粘合性、抗腐蚀性、耐摩擦性及挠性等。

3. 溶剂——溶解树脂,结合颜料,调节施工性能

溶剂是涂料中的"挥发性"配料,大多数溶剂是从原油中提炼的,溶剂在涂料中的主要功能是使涂料能适当涂敷在物料之上,它必须有着足够的溶解能力来溶解薄膜的树脂(粘合剂),高质量的溶剂还可以改进涂料的质量和薄膜特性,此外溶剂可增加光泽,因而减少抛光的工作量。使用溶剂还可以更精准地调配颜色,其呈无色透明状。

4. 添加剂——涂料的储存稳定性、施工性能

添加剂是用于汽车涂料中的附加剂,其在涂料中所占的比例很小(体积分数最大为 5%,通常还要少得多),但是它具有多种重要功能,如提升涂料的储存稳定性、施工性能,汽车涂料添加剂包括柔软剂、干燥剂、分散剂、防沉降剂、防分离剂、流平剂、增塑剂等,如图 2-5 所示。

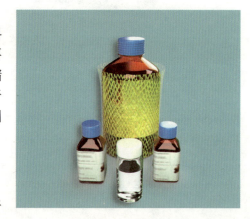

图 2-5 添加剂

三、汽车涂料的干燥方式

汽车车身涂料的干燥方式分为三种,即自然干燥、强制干燥与烘烤干燥三种。

1. 自然干燥

自然干燥是指喷涂对象在自然环境下干燥,适用于热塑性树脂和自交链树脂型涂料的干燥,因为它们在常温下也能进行干燥,如图 2-6 所示。

优点:干燥速度快、施工简单。

缺点:保光性和耐久性较差。

原理:溶剂挥发——物理干燥。

2. 强制干燥

强制干燥的温度是指在 80℃ 以下对涂料进行干燥,适用于汽车维修行业使用的 2K-双组分丙烯酸、聚氨酯漆干燥,如图 2-7 所示。

优点:光泽度和保护性都接近原厂高温烤漆,施工省时、简单。

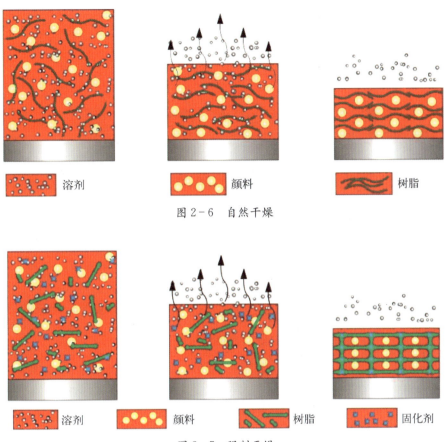

图 2-6 自然干燥

图 2-7 强制干燥

缺点：涂料成本高于高温烘烤漆。
原理：依靠固化剂促使树脂发生自交链反应——化学干燥。

3. 烘烤干燥

烘烤干燥是干燥速度最快的方法。烘烤温度在 100℃ 或更高。最常用的温度是 120～150℃ 烘烤 20 min，适用于汽车 OEM 高温固化型涂料（热固性）干燥，如图 2-8 所示。

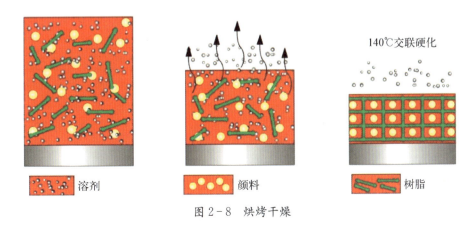

图 2-8 烘烤干燥

优点：具有优良的保光性、保色性和耐候性。
缺点：需要140℃左右高温固化，不适合汽车修补行业。
原理：高分子交联反应——化学干燥。

四、汽车修补涂料的种类

在整个汽车漆面修补作业中，根据标准作业工序需要使用到的汽车车身修补涂料有原子灰、底漆、面漆、清漆等。

1. 原子灰

原子灰是以颜料、填充物、树脂、催干剂调配而成的呈浆状的材料，用过氧化物（过氧化环已酮 $C_{12}H_{22}O_5$）作为固化剂，可根据实际需要随时调配使用。它能使受到损坏的底材恢复到损伤前的形状，是一种低成本的修补方法，但刮涂原子灰不能代替钣金所有的修理工作，如图2-9所示。一般经过钣金修复的车身要达到一定的要求：表面的平整度误差不超过2 mm，底材不应有裂口、焊缝等。否则，过厚的原子灰会降低涂层的性能；裂口和缝隙会吸入潮气，从而导致锈蚀的产生，最终破坏原子灰和金属的结合；而且汽车在行驶中的振动和应变，也会使原子灰开裂、脱落。所以原子灰层的厚度一般不超过3 mm。

图2-9 原子灰施工作业

（1）汽车修补用原子灰的特性

① 与底漆、中涂底漆及面漆有良好的配套性，不发生咬底、起皱、开裂、脱落等现象，有较强的层间粘合力。

② 具有良好的刮涂性能，垂直面刮涂性能良好，无流淌现象，有一定的韧性，附着力好，刮涂时原子灰不反转，薄涂时原子灰层光滑。

③ 打磨性能良好，原子灰层干燥后软硬适中，易打磨，不粘砂纸，能适应干磨。打磨后原子灰层边缘平整光滑且无接口痕迹。

④ 干燥性能良好，能在规定时间内干燥、打磨。

⑤ 形成的原子灰层要有一定韧性和硬度，以防汽车行驶中的振动引起原子灰层开裂，轻微碰撞引起低凹或划痕。

（2）汽车修补用原子灰的种类

根据汽车漆面修补、改色、翻新涂装中常用原子灰的种类，原子灰按照作用范围可以分为普通原子灰、合金原子灰、纤维原子灰、塑料原子灰和幼滑原子灰等，如图2-10所示。

1）普通原子灰

普通原子灰干燥速度快，受气候影响小，腻子层牢固，附着力强，不易开裂，刮涂、堆积、填充

图 2-10　普通原子灰、纤维原子灰与幼滑原子灰

性能好,硬度高,打磨性好,表面细滑光洁,固化后收缩性小,能与多种面漆配套使用,可以大大提高施工速度和产品质量,适用于钢铁底材,不适用于镀锌板、不锈钢板、铝合金板和经过磷化处理的裸金属表面,但在这些金属表面首先喷涂一层隔绝底漆(通常为环氧底漆)后可以正常施涂。

2) 合金原子灰

合金原子灰也称金属原子灰,除了可用于普通原子灰所用的所有表面外,还可以直接用于镀锌板、不锈钢板和铝合金板等表面而不必首先施涂隔绝底漆。

3) 纤维原子灰

纤维原子灰是一种含玻璃纤维的聚酯原子灰,最适合修补因锈蚀而破穿的车身位置。原子灰内的玻璃纤维可在修补时提供支持作用,具有高硬度、良好的附着力和耐久性。

4) 塑料原子灰

塑料原子灰专用于塑料件的修复填补作业中。调和后呈膏状,可以刮涂,也可以揩涂,干燥后像软塑料,常用于塑料板件,如前后保险杠、后视镜托架、裙边、挡泥板等。

2. 底漆

(1) 金属层底漆

汽车表面的漆膜一般由底漆、中涂漆、面漆三个涂层共同构成,最里面的一层称之为底漆涂层(也叫防锈底漆、环氧底漆等)。底漆是直接涂布于物体表面的基础涂料。底漆是被涂物面与涂层之间的粘结层,以使之上的各涂层可以牢固地结合并覆盖在被涂物体上。同时,底漆在钢铁表面形成干膜后,可以隔绝或阻止钢铁表面与空气、水分及其他腐蚀介质直接接触,起到缓蚀保护作用,一旦面漆层破坏,钢铁也不至于很快生锈,如图 2-11 所示为金属层底漆的施工。

图 2-11　金属层底漆施工

1) 底漆的特性

① 底漆对底材表面应有良好的附着能力,与涂层之间要有良好的结合能力。

② 底漆干燥后要有很好的物理性能和机械强度;能随金属伸缩、弯曲;能抵抗外来的冲击力而不开裂、不脱落。

③ 能够抵抗其上面涂层施工的溶剂溶蚀而不会咬起。

④ 底漆要具有一定的填充力,能够填平底材上微小的高低不平、孔眼和细小的纹路等。

⑤ 底漆要便于施工，涂膜流平性要好，不流挂、干燥快而且要容易打磨平整、不粘砂纸，保证漆面平滑，容易干燥成膜，成本合理。

2) 底漆的种类

金属层底漆的种类比较多，一般选用防腐能力强、配套性好、工艺性好和成本合理的产品。现在汽车涂装常用环氧底漆和侵蚀底漆作为汽车防腐涂层，如图 2-12 所示。

环氧底漆不但有较强的抗腐蚀能力，且能提供较大的附着力，方便下道原子灰施工或中涂底漆喷涂，而施涂侵蚀底漆后便不可进行原子灰施工。其施工可采用喷涂或刷涂两种方式，一般较小面积时可采用刷涂，如面积较大或者整板施涂时可采用喷涂的方法。环氧底漆施工只要求一个连续的薄层即可，只需 15～20 μm，无须喷涂太厚，以免增加涂料消耗及漆层闪干时间，降低工作效率。

环氧底漆

侵蚀底漆

图 2-12 金属层底漆

图 2-13 中涂底漆的施工

（2）中涂底漆

中涂底漆涂层在涂层组合中是在面漆层之下、原子灰涂层之上的中间涂层，如图 2-13 所示为中涂底漆的施工，主要起增强涂层间附着力、加强底涂层的封闭性及填充细微痕迹的作用。因此中涂底漆要有一定的附着力、耐溶剂性及填充性，以保证为面漆提供一个完美的施工表面，并能突出面漆的装饰性。

1) 中涂底漆的特性

① 与底漆、原子灰、旧涂层及面漆有良好的配套性，涂层间的结合力强，不被面漆的溶剂所咬起。

② 干燥后涂层硬度适中，能抗石击，具有良好的打磨性及耐水性，打磨后表面平整光滑，无起皱、脱皮等，局部喷漆边缘平滑性好，无接口痕迹。

③ 有良好的填充性能，经喷涂打磨后能消除底材上的轻微划痕、砂眼等。

④ 有良好的隔离性能，防止底漆层、原子灰层、旧涂层不良物质向面漆层渗出而污染漆膜表面，破坏面漆层的装饰性和阻止面漆层的溶剂渗透到底涂层、原子灰层、旧漆层。

⑤ 有良好的填充性能，经喷涂打磨后能消除底材上的轻微划痕、砂眼等。

⑥ 具有良好的施工性能，如温度适应性好、干燥迅速、施工容易等。

2) 中涂底漆的种类

① 根据组分不同分为单组分中涂底漆和双组分中涂底漆两种，如图 2-14 所示。

a) 单组分中涂底漆自然干燥速度快于双组分中涂底漆,但是隔离性、填充性、附着力、耐候性都比双组分中涂底漆差,通常只适用于小面积修补喷涂,且由于无法添加柔软剂降低柔韧性,所以不能喷涂在塑料件上,否则容易造成涂膜开裂、剥落。

b) 双组分中涂底漆有极佳的填充能力,可以填补原子灰砂眼及打磨砂纸痕,遇上旧漆层质量不佳的情况也能良好地封闭隔绝漆层,其在常温(20℃)情况下自然干燥时间为 1~2 h,为了加快其

图 2-14 双组分中涂底漆

干燥速度,可以采用短波红外线烤灯加热,在 15 min 后涂膜即可固化打磨,这样既缩短了干燥时间,又能保证作业效率。

② 可调灰度中涂底漆。每一种颜色都有一定的灰度值,当面漆颜色的灰度值与中涂底漆颜色的灰度值接近时,底材的颜色就容易被遮盖,如此不但能减少底色漆涂料的用量,同时也提高了工作效率。

通常涂料供应商都会提供 2~3 种颜色的中涂底漆,如白、灰、黑,通过三者按照不同比例可以调配出 7 种不同灰度的中涂底漆,如图 2-15 所示,其中 SG01~SG07 即为灰度值,不同涂料品牌的灰度值编号有所不同,但编号中一定含有灰度值的数字。

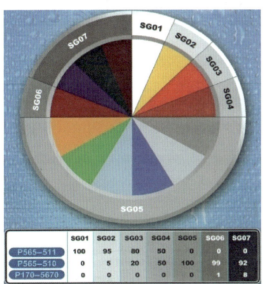

图 2-15 可调灰度中涂底漆的不同灰度值

3. 面漆

面漆指涂于工件最外层的漆膜,是涂层组合中唯一可见的部分,起着装饰、标志、保护底材的作用。它直接与各种气候条件及有害物质接触,是阻挡侵蚀的第一层。耐候性是面漆的一项重要指标,要求面漆在极端温变湿变、风雪雨雹的气候条件下不变色、不失光、不起泡和不开裂。外观是面漆的另一项指标,要求漆膜外观丰满、橘皮均匀、流平好、鲜映性好,从而使汽车车身具有高质量的外观。另外,面漆还应具有足够的硬度、抗石击性、耐化学品性、耐污性和防腐性等性能,使汽车外观在各种条件下保持不变。面漆可以使汽车表面呈现出各种各样的颜色,也可使汽车焕然一新。

(1) 按颜色效果分类

面漆按照颜色效果分类分为素色漆、金属漆、珍珠漆三种,如图 2-16 所示。

素色漆又名纯色漆,指将各种着色颜料研磨得非常细小,均匀地分散在树脂基料中而制成具有各种颜色的涂料,常见的有白色、黑色、红色、黄色等。

金属漆

金属漆根据涂料品牌的不同,又名"银粉漆"、"金属闪光漆"等,其在涂料中添加金属颜

素色漆　　　　　　　　　金属漆　　　　　　　　　珍珠漆

图 2-16　色漆的种类

料(微细铝粒),光线射到铝粒后又被铝粒透过漆膜反射出来,不同角度看去像金属在闪闪发光的样子。同时金属漆由于有了金属成分,因此漆层的硬度增高,漆面变硬了,就比较不容易被剐伤。

珍珠漆与金属漆类似,其用云母代替铝粒,在漆料中涂上氧化钛氧化铁云母颜料,光线射到云母颗粒后先带氧化钛氧化铁颜色,然后在云母颗粒中发生复杂折射干涉,同时云母本身也有种特殊有透明感颜色,这样反射出来光线就有种珍珠般的闪光,而且氧化钛本身具有黄色,斜视时又改变为浅蓝色,因此珍珠漆就给人种新奇夺目的感觉。

面漆工序

(2) 按施工工序分类

汽车面漆有不同的施工工序,单工序与双工序是最常用的,如图 2-17 所示,某些带珠光效果的双层面漆需要三道工序,如表 2-1 所示。

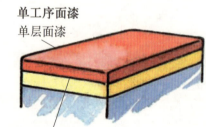

图 2-17　汽车面漆的类型

表 2-1　汽车用修补面漆的种类

	单工序系列面漆	双工序底色漆	三工序系列珍珠漆
类　型	三喷三烤型	四喷三烤型	五喷三烤型
漆膜结构	面漆提供色彩、遮盖力、硬度、光泽及耐久性,不需再喷清漆	由底色漆提供色彩及特殊效果及遮盖力,清漆提供光泽、硬度耐久性	先喷涂打底色漆提供底层颜色及遮盖力,再喷涂特殊效果涂层,清漆提供光泽、硬度耐久性

(续表)

	单工序系列面漆	双工序底色漆	三工序系列珍珠漆
漆膜结构	金属表面 底漆及烤干 中间漆及烤干 面漆	金属表面 底漆及烤干 中间漆及烤干 色漆 清漆及烤干	金属表面 底漆及烤干 中间漆及烤干 底色漆层 珍珠漆层 清漆及烤干
成膜方式	交联反应型	溶剂挥发型	溶剂挥发型
涂料类型	素色漆	金属色漆双工序素色漆	白珍珠漆
成本	低	中	高

 OEM 涂装工艺与汽车修补漆涂装工艺

 活动目标

知识目标	说出汽车 OEM 整车涂装工艺流程
	说出汽车修补漆涂装工艺流程
技能目标	正确分辨汽车 OEM 涂层与汽车修补涂层的区别

知识准备

一、OEM 涂装工艺

汽车 OEM(Original Equipment Manufacture,主机厂)按照汽车的种类,分为乘用车和商用车等,其整车涂装生产线工艺各有特点。常见的汽车整车涂装工艺如图 2-18 所示,汽车涂装的主要工序及其目的如表 2-2 所示。

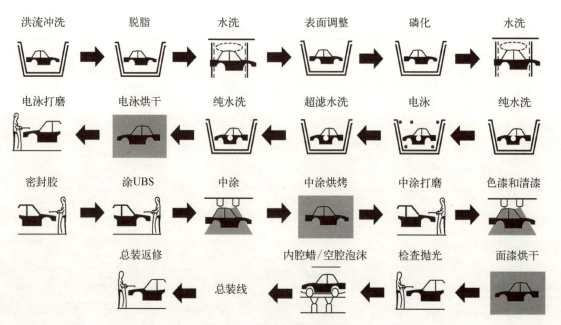

图 2-18 典型的 OEM 生产线

表2-2 汽车涂装的主要工序及其目的

工 序	目 的	一 般 条 件
夹具安装	四门两盖的支撑固定	目视检查
脱脂清洗	去除金属表面防锈油、铁锈等	碱脱脂清洗处理2 min以上
磷化	生成磷酸锌膜以确保防锈性及与电泳涂层的贴合性	磷化处理2 min以上
电泳涂装	深入车身的间隙、开孔空腔处的防锈性高的涂装	全浸3 min以上,膜厚20~30 μm
电泳干燥	电泳漆膜的硬化	170~180℃,保持20~30 min
打磨	用砂纸打磨掉电泳漆膜表面的缺陷	
涂密封胶	防止漏水、灰尘侵入、边缘防锈	填充缝隙
隔声垫及胶塞安装	提高隔声效果	
喷车底UBC涂料	防止飞溅砂石破化、提高隔声效果	高物性UBC膜厚200 μm以上;发泡UBC膜厚1 300 μm以上;
中涂涂装	提高漆膜的平滑性和耐久性	漆膜厚度35~50 μm
中涂干燥	防石击涂料及中涂漆膜的硬化	150~160℃,保持30 min
中涂打磨	用砂纸打磨掉中涂漆膜表面的缺陷	
面漆涂装	提高商品价值的表面涂装	漆膜厚度40~50 μm
面漆干燥	面漆涂膜的硬化	140~150℃,保持20~30 min
检视	涂装外观检查的质量反馈	
防锈蜡或者空腔泡沫	保证空腔防锈性能或提高隔声效果	
整车返修	修补外观次生缺陷	

汽车OEM工序说明

现今汽车OEM车身涂装均采用机械自动化涂装,其漆膜涂层如图2-19所示。

(1) 脱脂清洗

在整个前处理过程中,脱脂工序是最基本的一道工序,它所起的作用非常重要。脱脂即除油,由于白车身经过冲压、焊接工艺之后,车身内外表面、内腔可能有很多油污,包括防锈油、抗拉伸油、防焊接飞溅油等。

汽车OEM整车涂装中脱脂一般分为预脱脂和脱脂两道工序,脱脂方法主要有碱脱脂方法和溶剂脱脂方法。车身涂装采用的是碱脱脂方法,溶剂方法的脱脂一般应用在塑料件涂装领域。

图2-19 汽车OEM车身漆膜涂层

(2) 磷化处理

经过脱脂工序后,车身极易产生各种各样的腐蚀。为了防止和延缓这种腐蚀的发生或扩展,必须经过磷化工艺,在金属表面生成稳定的不溶性的磷化膜,从而改善涂层与金属之间的结合力,提供了稳定的不导电的隔离层。

(3) 电泳涂装、干燥与打磨

电泳涂装是将被涂物浸泡在水性电泳涂料中,在被涂物与电极之间通直流电流,在电场作用下被涂物表面附着涂料粒子的涂装方法。现在汽车OEM涂装均采用阴极电泳涂装,其把前处理后的车身表面涂上电泳底漆,一来用于防止金属表面的氧化腐蚀,二来增强金属表面与面漆之间的附着力,如图2-20所示为电泳涂装与干燥后的打磨。

图2-20 电泳涂装与干燥后的打磨

(4) 焊缝密封胶涂装

为使汽车车身具有很好的密封性(水密封、机械密封)、缓蚀性、耐久性及舒适性(降低车内噪声),在车身的焊缝、钣金贴合部位都需要涂布密封胶材料,如图2-21所示。

密封的主要部位是汽车车身冲压件的组合焊缝部位,如车顶渗水部、立柱部及其他漏水、漏气部位,如发动机舱、行李架、行李箱盖、座舱及整个底板焊缝部位、发动机罩、门板等部位密封。主要原因是根据结构设计的需要,车身各种钢板存在着接缝、翻边、边缘等部位。这些部位会产

图 2-21 涂焊缝密封胶

生漏水、生锈、风噪,以及尘土气体侵入等问题,而涂布密封胶则可以改善以上问题。另外,从外观商品性的角度考虑,外部可以看得见的地方,涂布密封胶后需要进行刮平等作业,以提高车体的整体美观性。

(5) 车底 UBC 涂料涂装

汽车在高速行驶中,路面的砂石会对车身底板及车身的下部产生撞击和冲刷,使车身底板下表面的涂层易受损坏,从而失去耐腐蚀能力。为延长汽车车身的使用寿命,提高汽车的舒适性和车身缝隙间的耐蚀性,在车身底板下表面,尤其是易受石击的轮罩、挡泥板表面,增涂 0.5~1.0 mm 厚的 UBC 耐磨(具有抗石击性)涂层,所用涂料称为车底 UBC 涂料。底涂的作用就是增强车体底部的抗砂石击打性能,减小噪声,如图 2-22 所示。

图 2-22 喷车底 UBC 涂料

(6) 中涂底漆涂装

中涂底漆涂装工序位于以防锈为目的的电泳底漆及以装饰为目的的面漆之间,因而中涂作为底漆、面漆辅助功能起着重要作用。一方面,可以遮盖底材缺陷,确保面漆涂装后表面的光滑性;另一方面,使涂膜获得抗石击能力,阻止石子冲击涂膜时伤及电泳底漆膜,如图 2-23 所示。

(7) 面漆涂装

在汽车 OEM 涂装作业中,面漆涂装的第一目的是车身的美观,漆面需要光泽、鲜艳、质感

图 2-23 中涂底漆涂装

等美学功能,这些在决定汽车的商品价值上起着重要的作用。第二目的是车身的保护,面漆涂层需要具有硬度、耐冲击性,与中涂的密合性、挠性等特性,同时还必须具备对酸碱性物质的保护功能、对汽油或溶剂的保护功能、对各种气候的耐候性。另一方面在防水、防腐蚀功能上还要求有耐湿性、耐蚀性,如图 2-24 所示为面漆涂装。

图 2-24 面漆涂装

(8) 清漆涂装

汽车用清漆主要是配合底色漆使用是罩光透明清漆,在工艺上它与底色漆是不可分的,一般先喷底色漆,然后再喷清漆,清漆为底色漆提供光泽和保护层,如图 2-25 所示。清漆层的厚度一般为 35~45 μm,汽车 OEM 涂装一般采用高温烤漆,烘烤温度为 120~150℃,时间为 30 min。

二、汽车漆面修补涂装工艺

在车辆使用过程中,汽车受到自然环境如日晒、雨淋、酸雨等侵蚀,以及在行驶中受到意外的碰撞事故,使漆面出现氧化、起泡、龟裂、脱落、锈蚀等损坏后,就需要进行漆面修补涂装。在汽车售后漆面修补涂装中,均采用的是人工喷涂作业,如图 2-26 所示,其漆面涂层相较于原厂涂层,漆膜的工序与总厚度都有所增加,如图 2-27 所示。

活动二　OEM涂装工艺与汽车修补漆涂装工艺

图 2-25　清漆涂装

图 2-26　修补漆涂层结构示意图

清漆(50~60 μm)
色漆(15~20 μm)
打磨指示层
HS中涂漆(40~50 μm)
2K原子灰
防锈底漆(15~20 μm)
磷酸锌层
金属底材

漆膜总厚度约为130~150 μm

图 2-27　修补漆涂层结构示意图

1. 汽车修补标准喷涂工序

汽车修补标准喷涂工序如下：

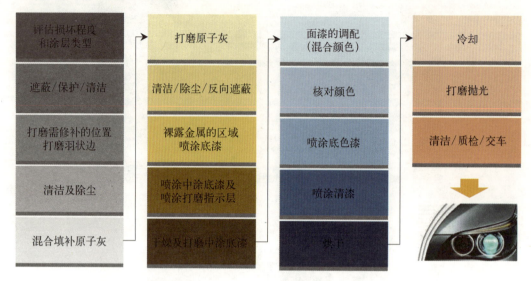

2. 标准修补工序及所需时间

一般来说预计一台车涂装需要多长时间是根据车身的损坏程度而定，下面以一个前翼子板为例来预计喷涂一个翼子板所需的时间。

(1) 较严重的损坏区域（数据供参考）

① 清洁　2 min
② 评估损坏面积　2 min
③ 打磨　5 min
④ 清洁、遮蔽　5 min
⑤ 喷涂底漆　10 min
⑥ 烘烤干燥　30 min
⑦ 填补一道原子灰 5 min
⑧ 原子灰干燥　10 min

⑨ 打磨原子灰　15 min
⑩ 薄刮二道原子灰　3 min
⑪ 干燥打磨原子灰　15 min
⑫ 清洁、遮蔽　5 min
⑬ 喷涂中涂底漆　10 min
⑭ 烘烤干燥(60℃)　30 min
调颜色及喷色板（同步完成）
⑮ 打磨中涂底漆　20 min

⑯ 清洁、遮蔽　10 min
⑰ 喷涂底色面漆　10 min
⑱ 间隔时间　8 min
⑲ 喷涂清漆　12 min
⑳ 间隔时间　8 min
㉑ 清漆干燥　30 min
㉒ 打蜡抛光　20 min

共计时间 265 min

(2) 轻微的损坏（数据供参考）

① 清洁　2 min
② 评估损坏面积　2 min
③ 遮蔽及打磨　5 min
④ 填补一道原子灰　5 min
⑤ 原子灰干燥　10 min
⑥ 打磨原子灰及旧漆　20 min
⑦ 清洁、遮蔽　5 min
⑧ 喷涂中涂底漆　10 min
⑨ 烘烤干燥(60℃)
调颜色及喷色板　30 min

⑩ 打磨中涂底漆　10 min
⑪ 清洁、遮蔽　10 min
⑫ 喷涂底色面漆　10 min
⑬ 间隔时间　8 min
⑭ 喷涂清漆　12 min
⑮ 间隔时间　8 min
⑯ 清漆干燥　30 min
⑰ 打蜡抛光　15 min

共计时间 193 min

（3）新更换工件（数据供参考）

① 清洁　2 min
② 打磨　5 min
③ 清洁、遮蔽　5 min
④ 喷涂中涂底漆　10 min
⑤ 烘烤干燥（60℃）
调颜色及喷色板　30 min
⑥ 打磨中涂底漆　10 min
⑦ 清洁、遮蔽　5 min

⑧ 喷涂底色面漆　10 min
⑨ 间隔时间　8 min
⑩ 喷涂清漆　12 min
⑪ 间隔时间　8 min
⑫ 清漆干燥　30 min
⑬ 打蜡抛光　15 min

共计时间 152 min

项目三 汽车涂装车间布局及基本工具设备

汽车漆面修补作业主要分为打磨作业和喷涂作业。为了满足喷涂工艺所有的作业要求，故汽车涂装车间需要合理的规划布局设计以及根据漆面修补作业工序配套相对应的工具设备。

汽车漆面修补工序中底材处理、原子灰施工、中涂底漆施工、面漆施工作业使用到的工具设备及其耗材诸多，汽车漆面修补人员必须了解汽车涂装车间工具设备的基本操作。

活动一 汽车涂装车间布局

知识目标	说出汽车空压机房布局设计要点
	说出汽车前处理工位布局设计要点
	说出汽车中涂工位布局设计要点
	说出汽车喷烤漆房布局设计要点
	说出汽车抛光工位布局设计要点
技能目标	能够掌握汽车涂装车间布局要点及布局方式

汽车涂装工位布局

1. 空压机房布局

(1) 空压机房功能

用于集中布置空气压缩机、储气罐、冷冻式空气干燥机的场所,集中布置可以改善设备运行的经济性,能够更好地设计压缩空气系统,便于设备的维护保养,同时可以避免闲人进入,图3-1所示为空压机房设备集中布置。

图3-1 空压机房设备集中布置

（2）空压机房布局

空压机房布置应该考虑季节气候、使用环境、通风情况、温度等要素，以提升空气压缩机的运转效率与空气品质，如图3-2所示为空压机房布局方式。

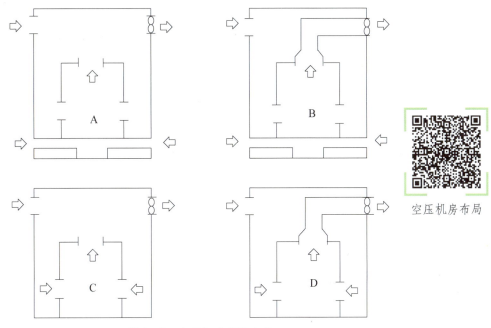

图3-2 空压机房布局方式

（3）空压机房建制要求

- 空压机房必须保持干净，确保没有固体颗粒和气态污染物，灰尘颗粒会引起空气压缩机螺杆的磨损，腐蚀性气体更加会引起空气压缩机的损坏。
- 空压机房内必须不断地有新鲜空气流通，以带走空压机、冷冻式空气干燥机等机器所产生的热量，同时需要保证空气的洁净。
- 空压机房不可以设置在大型维修设备排风口附近，譬如烤漆房等。
- 空压机房的大小必须合适，能够保证空压机、储气罐、冷冻式空气干燥机有足够的放置空间且空压机周围至少有800 mm的维护保养空间。
- 空压机房地面必须保持水平，如果空压机距离车间或者实训区距离较近，空压机底部最好铺上软垫或防振垫以防止产生较大的振动和噪声。
- 空压机房必须配备独立且稳定的供电系统。
- 空压机房不可以设备为半遮蔽式，要保证不会被雨淋。
- 进入空压机房的通道要足够通畅，不可有各种障碍物。

2. 前处理工位布局

（1）前处理工位说明

- 前处理理想位置是钣喷车间喷漆作业区汽车喷烤漆房的正对面。
- 每个汽车烤漆房应最多配备3～4个准备工位。
- 每个干磨准备区规格不得小于(3.6～4)m×(6～7)m(宽×长)，作业高度为2.5～3 m(如果安装了举升机,则高度必须增加至 4.5 m)。

(2) 前处理工位功能

针对车辆和已拆卸的钣金件实施喷漆准备作业(如研磨、原子灰施工、遮蔽等)。

(3) 前处理工位布局与配置

前处理工位(干磨准备区)按照空气流向不同分为垂直流式干磨准备区、对角线式准备区两种,如图 3-3 所示,可以根据场地的实际情况进行配置。

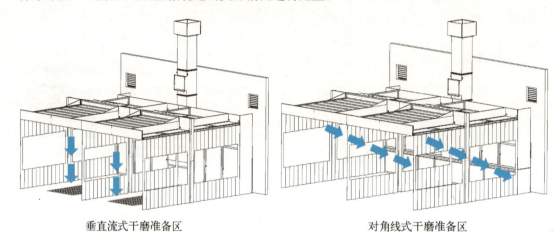

垂直流式干磨准备区　　　　　对角线式干磨准备区

图 3-3　前处理工位

(4) 前处理工位建制要求

- 前处理工位布局以及相应的数量需依据车间实际情况而定。
- 干磨准备区的基本要求如表 3-1 所示。

表 3-1　干磨准备区的基本要求

名　　称	说　　明
工作区长度/m	6.00～7.00
工作区宽度/m	3.60～4.00
工作区高度/m	2.50～3.00
送排风风量/(m³/h)	≥12 000
空气流速/(m/s)	0.2
照明系统/Lux	≥800
噪声/dB(A)	≤80

- 用于防止灰尘污染的单独房间和/或吸尘器以及隔帘。
- 有充足的储物空间,可用来存放需进行最终喷漆和/或烘干的喷漆部件。
- 配置有各种汽车喷漆架,如发动机舱盖、翼子板工作架等。

3. 汽车喷烤漆房布局

（1）汽车喷烤漆房说明

- 汽车喷烤漆房安装根据加热系统、进排风机柜的位置不同所需占地面积也有所不同，正常后置式汽车喷烤漆房至少需要 5 m×9 m(45 m^2)的面积，侧置式汽车喷烤漆房至少需要 6 m×8 m(48 m^2)的面积。
- 通常一个汽车烤漆房可容纳 5 个常规喷漆作业的日均产能。
- 适用于水性与溶剂型涂料工艺。

（2）汽车喷烤漆房功能

- 提供无尘正压的工作场所，用于水性与溶剂型涂料喷涂。
- 加速涂料的干燥、固化。
- 避免车间内的其他作业人员吸入有害的溶剂和漆雾。
- 避免积聚可燃性气体和漆雾。
- 避免灰尘粘附在工件表面。
- 避免溶剂和漆雾污染周围环境。

（3）汽车喷烤漆房布局与配置

汽车喷烤漆房按照不同的加热方式一般可分为燃油加热型、燃气加热型、电加热型和辐射板加热型，如图 3-4 所示。在布局设计上应该把汽车烤漆房设计在干磨准备区的附近，缩短挪动车辆与待喷板件的时间。

燃油加热烤漆房　　　　　　　　　电加热烤漆房

图 3-4　汽车喷烤漆房

（4）汽车喷烤漆房建制要求

- 汽车喷烤漆房布局以及相应的数量需依据车间实际情况而定。
- 汽车喷烤漆房的基本要求如表 3-2 所示。

表 3-2　汽车喷烤漆房的基本要求

名　　称	说　　明
房体系统	岩棉板保温墙板，容量≥120 kg/m^3，厚度≥50 mm
房体内部长度/m	7.00～8.00

(续表)

名　　称	说　　明
房体内部宽度/m	4.00～4.50
房体内部高度/m	2.50～3.00
大门	三门装置或全开放四门装置或卷帘门
门洞尺寸	车辆出入门宽度最小为2.4 m
进风风量/(m³/h)	水性漆≥18 000；溶剂型涂料≥12 000
工作温度/℃	≥60
发热量/(kcal/h)	≥240 000
加热速度/min (20℃±10℃)～60℃	燃油加热型≤10 电加热型≤15 辐射板加热≤10
空气过滤效率	≥99%
作业内外压差/Pa	喷涂作业时4～8；烘烤作业时10～15
照明系统/Lux	≥1 000
噪声/dB(A)	作业区内≤75；作业区外≤80

- 汽车喷烤漆房排放需要符合国家及当地汽车涂装的VOCs排放标准，典型的是在烤漆房排风口后加装光氧催化装置，如图3-5所示。
- 烤漆房内应配有灭火装置，符合涂装厂安全防火的要求。

4. 调漆间布局

（1）调漆间说明

- 每台调漆机至少需要一个面积为3 m×4 m(12 m²)的作业区。
- 相关设备必须接近或集成入汽车喷烤漆房。
- 调漆间分两个作业区，分别为调漆间与操作间，同时两个作业间必须用一扇门隔开。

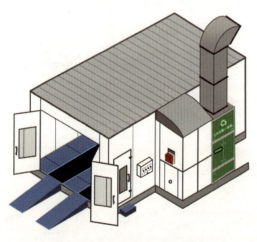

图3-5　光氧催化装置

（2）调漆间功能

① 调漆间功能：

- 查颜色配方。
- 调配色漆。

② 操作间功能：
- 喷涂比色试板。
- 调配色漆外的涂料（比如清漆、底漆）。
- 喷涂工具清洗（如喷枪）。
- 汽车修补涂料、污染物和易燃液体存储。

调漆间布局

（3）调漆间布局及配置

调漆间布局及配置如图3-6所示。

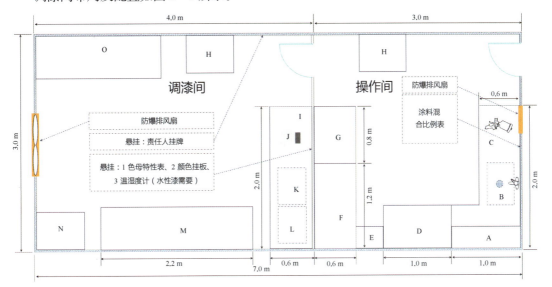

索引说明：

符 号	说 明	符 号	说 明
A	喷枪架	B	水槽（洗枪池）
C	操作台	D	色板喷柜
E	小垃圾箱	F	喷枪清洗机
G	溶剂回收机	H	灭火器、急救箱
I	调漆工作台	J	电子调漆秤
K	标准对色灯箱	L	电热恒温鼓风干燥箱
M	调漆架（油性或水性）	N	垃圾桶（回收涂料罐）
O	防爆储物柜		

图3-6 调漆间布局

（4）调漆间建制要求
- 汽车涂料和溶剂的储存应符合《易燃液体条例》(VbF)和《易燃液体技术规范》(TRbF)的要求。
- 考虑到水性修补漆产品的有关物理特性，在某些地区，当气温低于10℃时，涂料存放区必须供暖。
- 为防止调漆间的挥发性有机溶剂向外扩散，调漆间内压力应设计为−0.1 Pa，同时相应排气管路应设计距离地面20～30 cm比较合适，不要设计过高，以免使整个调漆间充满有机溶剂，不利于员工健康。
- 调漆间照明要求以自然光为主,但同时也需配备充足的照明设备,且照明灯光必须为防爆灯,同时不可采用影响判断涂料颜色的光源。
- 调漆间需采光充足但也要避免阳光的长时间直射。
- 调漆间内用电设备插座必须使用防爆插座。

5. 抛光工位布局

(1) 抛光工位说明
- 抛光工位的理想位置是钣喷车间喷漆作业区喷漆准备工位的正对面。
- 抛光作业区面积应等于喷漆准备区面积的一半,具体所需工位的准确数量应当取决于钣喷车间产能。
- 抛光工位所需占地面积建议为 5 m×8 m(40 m²),高度 2.5~3 m(如果安装了举升机,则高度必须增加至 4.5 m)。

(2) 抛光工位功能
对喷漆作业进行最终质量检验;对未喷涂部分与喷漆部分进行调整和精修,以避免出现明显的色差,对车辆的几乎整个外表面进行整修,消除喷漆缺陷(比如凸起、划痕、眩光纹等)。

(3) 抛光工位布局
抛光工位布局及建议配置如图 3-7 所示。

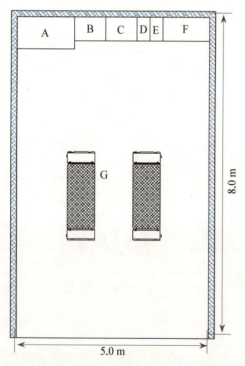

索引说明

符 号	说 明	尺寸(长度)
A	工作桌	1 800 mm
B	工具车	800 mm
C	抛光机、抛光耗材存放车	800 mm
D	压缩空气卷鼓	250 mm
E	220 V 电源插座卷鼓	250 mm
F	货架和储物柜	1 000 mm
G	剪式举升机	

图 3-7 抛光工位布局

(4) 抛光工位建制要求
- 提供良好的人工照明(1 000 Lux),以便有效识别漆面色彩特征,且照明灯光防眩目。
- 用于防止灰尘污染的单独房间或幕帘。

活动二　汽车涂装车间基本工具设备

知识目标	列举出汽车涂装车间压缩空气供给系统的基本组成
	说出汽车漆面研磨集尘工具设备的类型
	说出汽车底材处理、中涂底漆施工、面漆施工工具设备的类型
技能目标	独立完成汽车底材处理、中涂底漆施工、面漆施工工具设备的操作

一、压缩空气供给系统

压缩空气是汽车喷涂维修行业驱动气动工具或设备的动力源，如气动打磨机、喷枪等，打磨时对气动研磨机起到了驱动及集尘的作用，喷涂时对涂料起到传输和雾化作用，其中影响研磨及喷涂质量的关键因素之一就是压缩空气的充足稳定性与洁净度。

汽车涂装车间压缩空气供给系统主要由空气压缩机、冷冻式压缩空气干燥机、储气罐、初级过滤设备、压缩空气主管路、支管路、低位排水装置、终端油水分离器、空气软管、阀门和终端快速接头等元件构成，如图3-8所示。

图3-8　压缩空气供给系统

1. 空气压缩机

空气压缩机就是气动工具的动力源，它以电动机为动力，将空气压力从普通大气压升到需要的压力,并通过压缩空气管路将动力传给气动工具。

根据机械运动方式不同将空气压缩机分为活塞式、螺杆式、膜片式三种,螺杆式空气压缩机是现今汽车维修领域主流的压缩空气生产设备,如图3-9所示。

图3-9　螺杆式空气压缩机

2. 储气罐

储气罐在压缩空气系统中连接于空气压缩机的输出端,如图3-10所示。设置储气罐用于:

① 储存压缩空气,方便解决系统内短时间里可能出现的用气量的矛盾。

② 消除或减弱空气压缩机输出气流的脉动,稳定气源压力,保证输出气流连续平稳。

③ 进一步冷却、分离和清除压缩空气的水分、油污等杂质,减轻循环管网下游其他后处理设备的负荷。

④ 缓冲作用。压缩空气系统中如果没有储气罐,空压机加载中瞬间的排气量大,对终端油水分离器、冷冻式压缩空气干燥机都会造成一定的损害。

图3-10　储气罐　　　　图3-11　冷冻式压缩空气干燥机

3. 冷冻式压缩空气干燥机

冷冻式压缩空气干燥机通过冷冻法利用制冷设备对压缩空气实施强制冷却，达到要求的露点（又称为露点温度，指空气中所含的气态水达到饱和而凝结成液态水所需要降至的温度）之下，使空气中的水蒸气凝结成水滴析出，达到除水、干燥的目的，如图3-11所示。

4. 初级过滤设备

初级过滤设备在压缩空气管道中可以有效减少压缩空气流中的油悬浮物、湿尘和水滴，这些杂质多来自于空气压缩机主机的润滑剂、吸入的空气，以及空气压缩机本身，如图3-12所示。

5. 压缩空气管路

压缩空气管路在压缩空气系统中用于传输压缩空气到每一个用气工位，压缩空气管路安装建议选择不锈钢、铝镁管道或者PVR塑钢管道，管材内部必须保证平滑、不生锈、不氧化、不脱落，并且所有压缩空气管材必须耐压20 bar(1 bar=0.1 MPa)以上。

压缩空气管道设置注意事项：

① 根据汽车维修车间设备的用气量及主供气管路的长度来选择主管路的内径，将主供气管路设置成全封闭环形回路，以保证各工作岗位气压的恒定。整个环形回路与水平面应产生一个$0.5°\sim1°$的倾斜，并在管路最低处设置自动排水阀。

图3-12 初级过滤设备

② 支线管路必须从主管路的顶端呈"天鹅颈"接出，避免管路中水及冷凝物导入油水分离器中或气动工具中。

③ 压缩空气管道设计时应考虑针对各个功能区域配置阀门，使其可在不影响其他区域供气情况下，能分段隔离，并进行维修作业。

6. 终端油水分离器

在汽车漆面修补作业中，支管路的终端都会根据作业工序的不同配置有不同的油水分离器，通常前处理工位配置单节油水分离器，中涂房、调漆间配置双节油水分离器，汽车喷烤漆房配置三节油水分离器，如图3-13所示。

图3-13 终端油水分离器

7. 压缩空气软管

压缩空气软管是压缩空气支管路快速接口与手动工具设备(如喷枪、打磨设备、吹尘设备等)相连接使用的工具,如图3-14所示。

图3-14 压缩空气软管

在汽车喷涂作业中,经常会使用到空气软管且对空气软管有一定的技术要求:

① 为了保证安全生产,要求压缩空气软管必须符合防爆、防静电等要求。

② 要使用软管材质中不含硅化物的空气软管。

③ 压缩空气软管的内径关系到空气流通量的大小和压降的损失,这两者是相互关联的,如表3-3所示。

表3-3 不同长度软管的压力下降表

软管内径	气压下降/bar 操作气压	软管长度	5 m	10 m	15 m
6 mm		3 bar	0.7	1.2	1.8
		4 bar	1.0	1.6	2.2
		5 bar	1.3	1.9	2.5
		6 bar	1.5	2.2	2.8
9 mm 建议使用		3 bar	0.23	0.38	0.60
		4 bar	0.34	0.55	0.81
		5 bar	0.43	0.63	0.92
		6 bar	0.60	0.80	1.10

注:1 bar = 10^5 Pa。

二、研磨作业工具设备及耗材

在整个汽车漆面修补漆作业中,底材处理作业、原子灰施工作业、中涂底漆施工作业、抛光作业中都包含有大量的研磨工作,如图 3-15 所示。分析整个修补漆工艺中可得知,大约有 60% 的时间用于研磨工作,故合理地选择设备、工具及材料不但能提高工作效率,降低劳动强度,而且能减少维修成本。

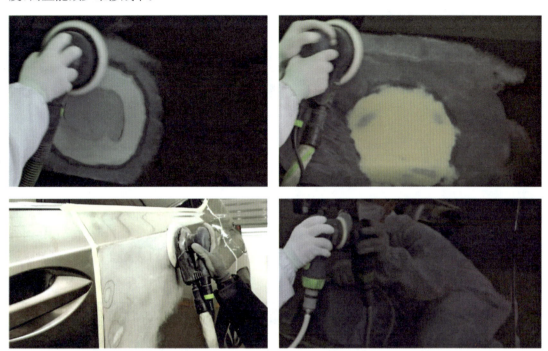

图 3-15 研磨作业

1. 打磨工具

(1) 按打磨工具不同的驱动方式分类

汽车漆面修补漆作业中的打磨工具依据驱动形式分为气动打磨机与电动打磨机两种,如图 3-16 所示。

气动打磨机　　　　　　　　电动打磨机

图 3-16 打磨工具的种类(一)

气动打磨机由压缩空气驱动,通常工作气压为 6 bar。使用寿命比电动打磨机长,使用轻便,维修简单,安全性好,在汽车漆面维修中被广泛采用。

电动打磨机由车间电源驱动,驱动电源均为 220 V/50 Hz,其在打磨头上装有电动机,故而相比气动打磨机,有体积、重量相对较大的差异,且涂装车间在多水的情况下存在一定的安全隐患。整体结构相对复杂,需要定期更换电刷,但使用方便,只要有电即可。

(2) 按打磨工具不同的运动方式分类

汽车漆面修补漆作业中的打磨工具依据运动方式分为单向旋转式打磨机(单动作)、偏心振动打磨机(双动作)、轨道式振动打磨机三种,如图3-17所示。

单向旋转式打磨机　　　偏心振动打磨机　　　轨道式振动打磨机

图3-17　打磨工具的种类(二)

单向旋转式打磨机(单动作)在起动后的转动是通过单纯的旋转运动来研磨的,围绕这打磨机头部的圆心旋转,转轴在圆心处,如图3-18所示。常见于钣金打磨机和抛光机。其切削力强,一般用于粗磨、除锈、去除旧漆膜等作业,在使用该打磨机时,车身表面会留下较深的研磨痕迹。

图3-18　单向旋转式打磨机(单动作)运动方式

偏心振动打磨机(双动作)由比较复杂的两重旋转运动来研磨,相比于单动作打磨机,切削能力较差,但可以配合多种目数的砂纸进行打磨,双动作打磨机以偏离打磨头部的圆心作为中心转轴,旋转时则围绕这个偏心轴进行旋转,如图3-19所示,根据偏心距(研磨冲程)的不同可分为9 mm打磨头、7 mm打磨头、5 mm打磨头和3 mm打磨头等,分别用于不同工序的打磨作业,包括原子灰粗磨、细磨、精磨、中涂底漆打磨和漆膜的过渡驳口打磨等作业。

轨道式振动打磨机起动时打磨头做振动运动,用于原子灰粗磨、中磨,不适合中涂底漆的细研磨,如图3-20所示。轨道式研磨机研磨垫呈矩形,故而根据矩形的长宽差异可分为93 mm×175 mm、80 mm×400 mm轨道式振动打磨机,常用于较大面积的研磨作业。

(3) 手磨板

手磨板是通过手动推拉方式配合不同粒度的砂纸对车身各种不规则位置和不同角度进行研磨,如图3-21所示。

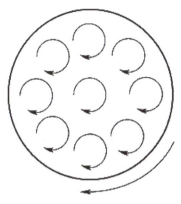

图 3-19 偏心振动打磨机(双动作)运动方式

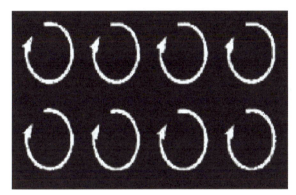

图 3-20 轨道式振动打磨机运动方式

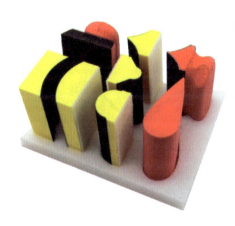

图 3-21 手磨板

2. 集尘系统

一套良好的集尘系统已经成为汽车涂装维修站不可或缺的设备之一,汽车车身表面必须保持清洁,远离灰尘,才能确保达到最佳的工作成果。集尘系统在市场上大致分为三种,分别为中央集尘系统、固定式摇臂集尘系统和移动式集尘系统,如图 3-22 所示。

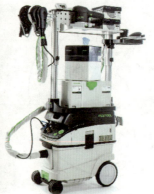

中央集尘系统　　　　　移动式集尘系统　　固定式摇臂集尘系统

图 3-22　集尘系统

中央集尘系统包括一台集尘主机、多个功能单元及相应的控制系统和铝合金管路系统，符合车间一体化设计，实现多工位多点、多个漆工同时操作，并且集尘效果好，设备使用寿命长，维修方便，但是其造价相对较高。它适用于大型综合维修站和工作量较大的维修站使用。

移动式集尘系统主要是利用一台移动式集尘器对单工位、单个漆工研磨残留物进行吸尘，吸尘效果好，使用方便。它适用于小型维修站。

固定式摇臂集尘系统是使用固定摇臂转动，在一定范围内对固定式双工位的研磨残留物吸尘，吸尘效果好，使用方便。它适用于受场地局限的维修站。

3. 供气、回气与吸尘管道

电动打磨机尾端连接一根电源线以外，只需要连接一个集尘袋即可，也可通过吸尘管道连接涂装车间集尘系统，如图 3-23(a)所示。

气动打磨机尾端连接的一般包含三个管道和接头，即压缩空气供给管道、废气回收管道、集尘管道，也有将这三个管道集中到一根或两根管道上，如图 3-23(b)中所示。

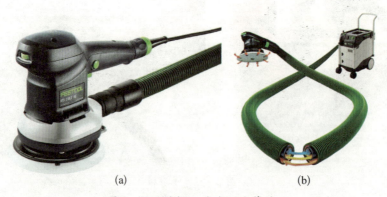

(a)　　　　　　　　　　　(b)

图 3-23　供气、回气与吸尘管道

4. 磨垫

在不同漆面修补工序打磨作业时，应采用不同的磨垫。依据磨垫的硬度分为超软磨垫、软磨垫、硬磨垫与超软连接垫，如图 3-24 所示。

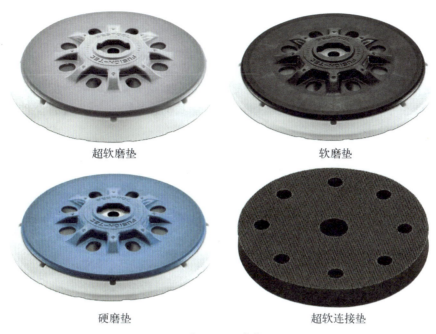

图 3-24 磨垫

超软磨垫配合偏心振动幅度为 3 mm 的打磨机使用,适用于中涂底漆等精细研磨。

软磨垫配合偏心振动幅度为 7 mm 或者 5 mm 的打磨机使用,适用于原子灰等粗磨、细磨作业。

硬磨垫配合偏心振动幅度为 7 mm 或者 5 mm 的打磨机使用,适合于平坦的表面,如旧漆研磨、原子灰处理和中涂底漆的粗磨作业。

超软连接垫一般与偏心振动幅度为 3 mm 或者 2.5 mm 的打磨机配合使用,用于打磨曲面时的中涂底漆、驳口处理等超精细打磨作业。

5. 打磨材料

砂纸是汽车喷涂维修中经常使用的打磨材料,用于打磨旧漆层、原子灰、中涂底漆、除锈和漆面处理。可用不同细度的磨料粘结在纸上,制成各种不同粒度的砂纸,磨料粘结牢固程度是衡量砂纸质量的重要指标,而操作人员选择合适的砂纸细度并正确使用才能使其产生最佳的打磨效果。

(1) 砂纸的原料

1) 依据原料的不同分类

制造砂纸的磨料根据原料可以分为氧化铝磨料、碳化硅(金刚砂)磨料和锆铝磨料三种,汽车修补行业主要用的矿物磨料是氧化铝磨料与碳化硅(金刚砂)磨料。

氧化铝磨料是一种非常坚韧的磨料,能很好地防止破裂和钝化。根据粗细不同可制成用于除锈、清除旧涂层、打磨原子灰层、打磨新旧涂层的砂纸。

碳化硅是一种非常锐利、穿透力极高的磨料,呈黑色,通常用于汽车旧漆面的打磨,以及抛光前对涂膜的打磨。

2) 依据磨料在底板上的疏密分布情况分类

依据磨料在底板上的疏密分布情况分为密砂纸与疏砂纸两种,密砂纸上的磨料几乎完全占满了底板,主要用于水磨;疏砂纸的磨料只占底板面积的50%～70%,疏砂纸主要用来打磨较软的材料,如原子灰、塑料等。

(2) 砂纸的规格

砂纸分为欧式、美式、英式三种形式,在砂纸背面有号数规格。美式只有号数;欧式则在号数之前加注一个"P"字,如P180,数值越大,表示砂纸越细;英式则是以数字及分数表示。在汽车漆面修补作业中用到的砂纸基本上都用欧式标注。漆面修补作业中干、湿磨砂纸对应表如图3-25所示。

干湿磨砂纸对应表	
干研磨（打磨机）	湿磨（手工）
P100	P180～P220
P120	P220～P240
P150	P240～P280
P180	P280～P320
P220	P320～P360
P240	P360～P400
P280	P400～P500
P320	P500～P600
P360	P600～P800
P400	P800～P1000
P500	P1000～P1200

图3-25 漆面修补作业中干、湿磨砂纸对应表

(3) 砂纸的种类

在汽车漆面修补作业中,常使用到的砂纸种类有:水砂纸、背绒搭扣砂纸(干磨砂纸)、三维打磨材料、海绵干磨软片、精磨砂棉等。

图3-26 水砂纸

1) 水砂纸

水砂纸是传统手工水磨主要打磨材料,其以耐水基质或经耐水处理的基质为基体,合成树脂或清漆为粘结剂,碳化硅作为制造砂纸的磨料,粒度控制在P80～P2000之间,如图3-26所示。在汽车漆面行业,水砂纸规格大小有两种,分别约为23 cm×28 cm和23 cm×14 cm。

2) 背绒搭扣砂纸(干磨砂纸)

背绒搭扣砂纸是汽车漆面修补行业干研磨工艺使用到的砂纸之一,其以纸、布、聚酯和其他塑料膜为底材,再以粘结剂将氧化铝粘结在底材上而制成的。通常需要配合打磨机、手磨板使用,同时根据研磨盘的大小以及研磨盘的集尘孔的分布的不同,砂纸的形状、大

小、孔位分布也会有所不同。

常用背绒搭扣砂纸的规格为 P80~P1500,号数越大,砂纸越细,适合于整个修补漆作业的任何一处打磨工作,如图 3-27 所示。

图 3-27 背绒搭扣砂纸(干磨砂纸)

图 3-28 三维打磨材料

3) 三维打磨材料

三维打磨材料是研磨颗粒附着在三维纤维上形成的打磨材料,这类材料有非常好的柔韧性,适合打磨外形复杂或特殊材料的表面,可用于各种条件下的打磨,同时可干磨也可水磨。主要用于喷涂前研磨、驳口喷涂前处理。常见的规格有红、绿、灰三种颜色,绿色约为 P320 干磨砂纸粗细;红色约为 P360 干磨砂纸粗细;灰色约为 P800~P1200 干磨砂纸粗细,如图 3-28 所示。

4) 精磨砂棉

精磨砂棉是一种可以灵活地打磨平面和轮廓的多功能研磨材料。在打磨曲角和边角时留下平整的砂痕。适用于干磨和水磨,同时可以机磨或手工打磨,如图 3-29 所示。

图 3-29 精磨砂棉

6. 打磨引导层

打磨引导层是指在打磨作业时,用于判断原子灰上的砂痕和砂眼等缺陷,最常用的就是碳粉指示剂,使用时,用海绵将黑色的碳粉均匀地涂抹到原子灰、中涂底漆层上,经打磨之后,车身表面漆层高的部位的碳粉会被打磨掉,残留有碳粉的部位便说明有气孔或凹陷,如图 3-30 所示。

图 3-30 碳粉指示剂

三、原子灰施工作业工具设备及耗材

1. 原子灰刮涂工具

（1）刮刀

刮刀是原子灰刮涂主要的手工工具，按照其材料的不同分为塑料刮刀、橡胶刮刀、钢片刮刀；按照软硬程度可以分为硬刮刀和软刮刀，软刮刀主要用于刮涂圆弧形、圆柱形和曲面形状的部位，如图3-31所示。

图3-31 刮刀

使用刮刀时要注意以下几点：

① 刮刀的刀口要平直，不能有齿形、缺口、弧形、弓形。

② 对于塑料和橡胶材质的刮刀每次使用后需立即用稀释剂清理干净，以免原子灰干燥后聚集在刮刀上，不易清洗。

（2）搅拌盘

搅拌盘用于原子灰和固化剂搅合前放置的平板，如图3-32所示，根据其制作材料的不同，可以分为钢板类的、塑料类的、木板类的等。

图3-32 搅拌盘　　　　图3-33 原子灰搅拌棒

（3）原子灰搅拌棒

新开罐的原子灰或者隔夜再次使用的原子灰，罐中原子灰各成分会发生一定程度的分离，其中相对密度较大的颜料、填充物沉在底部，而相对密度较轻的树脂、溶剂、添加剂则浮在上面，故在使用前务必用搅拌棒从罐底彻底地搅拌，使原子灰基料充分混合，如图3-33所示。

2. 原子灰干燥工具设备——红外线烤灯

在汽车漆面修补作业中，红外线烤灯是用于原子灰、中涂底漆与色漆干燥的设备之一，按照

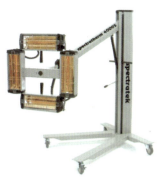

图 3-34 短波红外线烤灯

布置的方式分为移动式、滑轨式与固定式红外线烤灯三种,如图 3-34 所示。

传统的干燥方式(不外使用加热空气的方式)都是从外表开始使涂料逐渐干燥的,但内部干燥程度却不够,现代的红外线的干燥方式是自涂料内部开始干燥的,但红外线又可区分为长波、中波和短波三类,长波和中波红外线的干燥方式会比传统的干燥方式更深入涂料内部,但在涂料中下部无法同时干燥,而短波红外线则在涂料厚度为 45 μm 时,可以直接自底材开始加热,因此干燥比较完整,如图 3-35 所示。

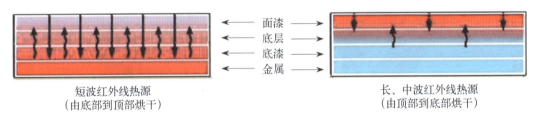

图 3-35 长波、中波和短波红外热源干燥对比

3. 干研磨准备区

干研磨准备区是为汽车漆面修补中的研磨作业提供一个工作场所,其通过进排风机协同作用将手工打磨或打磨机打磨的粉尘沿着排风管道经过过滤后排入大气中去,防止车间出现扬尘现象。干研磨准备区由房体系统、PVC 软帘、照明系统、净化系统、进排风系统、尘雾处理系统、控制系统等部分组成,如图 3-36 所示。

图 3-36 干研磨准备区

在干研磨准备区工作时,进风机将新鲜空气从进风口吸入,先经过第一道滤尘网把空气中的大颗粒灰尘滤去,然后进入打磨房顶部气室,空气流经顶部过滤棉被过滤干净从顶部均匀地向下流动,在工件周围形成风幕。经过地棉滤去打磨过程中的灰尘、杂质后,从地台、排风柜及排风管排出室外。在风机上部设置手动风阀,使排风机排出的气体有一部分直接排到室外,另一部分再次送入房体进行气流循环。室体内部一直保持在负压的状态,保证室内的粉尘不会向外漂散而污染车间。

四、中涂底漆施工作业工具设备及耗材

1. 遮蔽工具

(1) 遮蔽纸切纸架

遮蔽纸切纸架适合各种不同宽度和不同类型的遮蔽纸,塑料薄膜一样适用。在遮蔽纸切纸架上装好遮蔽纸和粘胶带,使用时只要拉出所需遮蔽纸或遮蔽膜的大小,粘胶带会自动粘在上面,如图3-37所示。

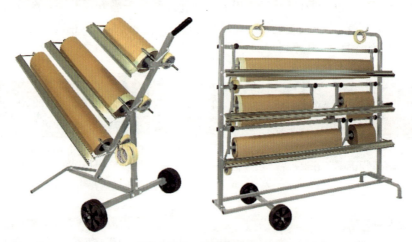

图 3-37 遮蔽纸切纸架

(2) 遮蔽纸/膜切割刀

遮蔽纸/膜切割刀用于切割分离所需长度的遮蔽纸/膜,如图3-38所示。

2. 遮蔽材料

在喷涂中涂底漆、色漆之前,为了防止喷涂产生的虚漆、漆雾粘到其他工件、密封条、装饰条表面,需要使用遮蔽材料对相关部位进行遮蔽贴护,下面所列的是遮蔽材料的典型性能要求。

图 3-38 遮蔽纸/膜切割刀

- 防止溶剂影响表面。
- 防止涂料干燥以后脱落。
- 防止产生灰尘。
- 没有胶粘传递。

(1) 遮蔽纸

遮蔽纸不容易沾附灰尘,耐溶剂性及耐渗透性强,用于汽车喷涂作业前遮蔽损伤区域其他工件,防止过喷污染未损伤区域,如图 3-39 所示。

图 3-39　遮蔽纸

(2) 遮蔽薄膜

遮蔽薄膜是一种不涂胶膜,如图 3-40 所示,靠产品本身静电吸附来粘着在物品上起保护作用,一般用于盖在工件表面周围大的表面上,防止喷涂外逸。

(3) 遮蔽液

遮蔽液是一种无污染、无毒的水溶性遮蔽液,在室温下可干固成膜,并可完全生物降解,喷涂在塑料、金属、玻璃、木质材料、纸质、石材等表面形成一层保护膜可有效进行遮蔽。可作为喷漆遮蔽使用,对喷漆车辆进行防涂保护,并且可随时冲洗,如图 3-41 所示。

图 3-40　遮蔽薄膜

图 3-41　遮蔽液

(4) 遮蔽胶带

汽车用的遮蔽胶带耐热及耐溶剂性强,而且粘合胶应该在剥离后不会残留粘胶在车身表面上,如图 3-42 所示。

图 3-42 遮蔽胶带

3. 中涂房

中涂房是为汽车漆面修补作业时中涂底漆喷涂与干燥提供的一个工作场所,通过进排风机协同作用将喷涂的漆雾沿着排风管道排入大气中去。

中涂房一般由房体系统、PVC软帘、照明系统、加热系统(滑轨式或者固定式烤灯)、净化系统、进排风系统、漆雾处理系统、控制系统等部分组成,如图 3-43 所示。

图 3-43 中涂房

4. 底漆喷枪

底漆喷枪是专门用于中涂涂层喷涂的喷枪,喷嘴口径主要为 1.4 mm 与 1.6 mm,如图 3-44 所示。中涂底漆目的是为了填充待涂物件表面原子灰的砂痕或沙眼,为喷涂面漆打基础,以免面漆漆膜上产生瑕疵,因此底漆喷枪的主要要求是填充性好,而填充性主要依靠湿润程度来完成,否则就会给底漆的喷涂带来较差的效果,甚至给底漆涂层的打磨工序带来费工时、费料的后果。

5. 汽车喷漆架

汽车喷漆架的作用是在方便处理单件喷漆时使用,在某些作业上,如果在喷漆作业时能够将喷漆件单独从车身上拆下处理,可以使作业更加方便和更加清洁,作业时间也更加精简,如图 3-45 所示。

喷漆架有不同形式,适用于:

① 发动机盖罩。

图 3-44 中涂底漆喷枪

图 3-45 汽车喷漆架

② 翼子板。
③ 车门。
④ 行李箱盖罩。
⑤ 保险杠。

五、涂料调配作业工具设备

1. 涂料搅拌架

涂料搅拌架又称为色母搅拌机,在罐装涂料打开后盖上专用的带搅拌头的盖子放在调色架上。涂料搅拌架电动机起动后,在传动装置的作用下,可以均匀地搅拌涂料搅拌架上的所有色母,如图 3-46 所示。根据不同涂料供应商有不同型号和搅拌头的涂料搅拌架。

在调漆作用中,每天上午与下午都应该开启电动机一次,使色母均匀搅拌 15~20 min。

2. 电子秤

在调漆作业中,需要用到电子秤对各个色母进行称量,以达到调色的准确性。同时有些使用质量比调配的双组分涂料也需使用电子秤称量来添加固化剂、稀释剂,如图 3-47 所示。使用电子秤时要注意水平放置,避免高温、振动,使用结束后要及时清洁,定期校准。

3. 电热恒温鼓风干燥箱

进行颜色调配时,通常需要喷涂多张比色试板,但只有在比色试板完全干燥后再进行色彩比对,如干燥不充分,就不能实现正确的颜色对比。为了缩短干燥时间,可用干燥箱对其强制干燥,通常采用电加热的方式,用鼓风机循环吹出热风,如图 3-48 所示。

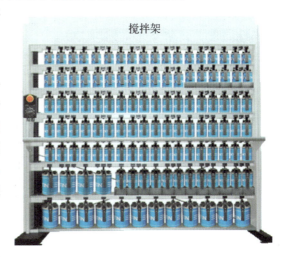

图 3-46 涂料搅拌架

间接加热型
热风干燥原理

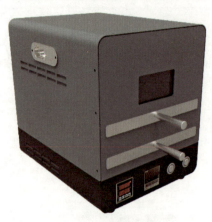

图 3-47 电子秤　　　　　　　　　图 3-48 电热恒温鼓风干燥箱

4. 标准对色灯箱

汽车调色需要使调配的颜色与汽车修补区域相邻的颜色在自然光下表现出相同的颜色。由于涂料在不同的光源下会出现条件等色现象，即出现在某一光源条件下所观察的颜色一致，但在另一种光源条件下所观察的颜色出现不一致的现象，因此汽车调色必须在有充足的自然光和与自然光接近的人工光源条件下进行调色。

标准对色灯箱内装有若干种光源，灯箱内壁为中灰色的哑光面。通常在阴天、雨天、室内及光线不好场合调色时，可用标准对色灯箱内模拟日光的 D65 光源来进行对色，如图 3-49 所示。

图 3-49 标准对色灯箱

5. 调漆杯、比例尺

调漆杯为涂料所用容器，在调配涂料时最好使用上下口径基本一样的直筒型容器，以便使用比例尺时减少误差。

比例尺是一种用金属或塑料制造的尺子，上面带有涂料名称、比例记号，可计量适当量的固化剂、稀释剂，能方便快捷地帮助进行涂料调配，如图 3-50 所示。

活动二　汽车涂装车间基本工具设备

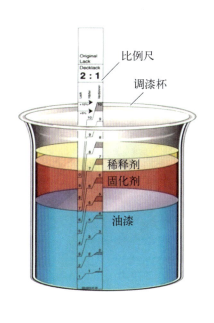

图 3-50　调漆杯、比例尺

图 3-51　色母特性表

6. 色母特性表

色母特性表指南是由汽车修补涂料供应商提供的,其为所有调色色母的总览,且每个色母旁都配有色相图,提供了颜色组别、颜色偏向、正面观察、侧面观察,以及纯度和色调等信息,如图 3-51 所示。

7. 色卡

色卡是很重要的调色工具,一般由汽车修补涂料供应商提供,有助于快速找到正确的颜色,从而大大减少调色出现偏差的次数,如图 3-52 所示。

多数色卡都有编号,可直接在涂料供应厂家提供的软件中输入即可获得颜色配方;部分涂料品牌在色卡背面就写有配方。

图 3-52　色卡

8. 漆面检测工具

（1）漆膜测厚仪

涂料厚度是需要定期测量的重要参数。适当膜厚会对涂料遮盖、外观和防护性能产生影响。涂膜太厚可能会导致干燥时间过长、出现裂纹，以及涂膜剥落。涂层厚度测量可监控涂装过程，维持恰当的涂料特性。漆膜测厚仪可以采用无损检测或破坏式检测。无损涂料测厚仪测量铁基底材时采用磁感应原理，测量非铁基底材时则采用涡流原理，如图 3-53 所示。

图 3-53 漆膜测厚仪

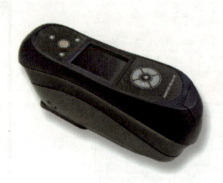

图 3-54 测色仪

（2）测色仪

测色仪用于直接在车身上进行精准测色，测量结果传输到电脑里通过涂料供应厂家专业软件分析，指引漆工找到车身匹配色卡和对应调色配方，如图 3-54 所示。

六、面漆施工作业工具设备

1. 汽车喷烤漆房

汽车喷烤漆房是一种为汽车喷、烤漆提供全天候无尘的作业环境，保证汽车表面漆层质量和光洁度的设备，如图 3-55 所示。

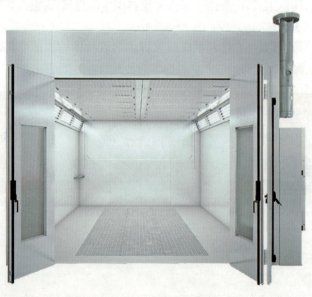

图 3-55 汽车喷烤漆房

汽车喷烤漆房兼备汽车喷漆、烤漆两种功能。喷漆时要求喷烤漆房内的气流必须纯净,不能含有灰尘;烤漆时要求对温度进行精准控制。汽车喷烤漆房结构主要由室体、大门及作业安全门、照明系统、送排风系统、加热循环系统、空气净化系统、废气处理系统和电控系统组成。

2. 面漆喷枪

面漆喷枪主要用于色漆、清漆涂层的喷涂,喷嘴直径为 1.3 mm,如图 3-56 所示。面漆喷涂主要起到着色和装饰作用,着色与装饰这个环节非常重要,必须使面漆的颜色喷涂均匀,并且要求流平性好,因此面漆喷枪强调雾化均匀的效果。

图 3-56 面漆喷枪

图 3-57 水性漆吹风枪

3. 水性漆吹风枪

水性漆吹风枪由压缩空气驱动并利用文丘里原理吸入外围空气并吹出,保证水性漆的干燥时间在大量的空气流动下会大幅度加快,因为水性漆中的水分在有控制的情况下从涂料内被带走,如图 3-57 所示。

七、喷枪清洗与维护工具设备

1. 喷枪清洗机

喷枪清洗机主要包括内置的抽吸装置、喷嘴、壶盖清洁、自动清洁刷带注射泵、自动清洗装置、吹风和冲洗装置、盖子打开时的应急断路开关、扳机锁簧(用于扣拉喷枪扳机),以及两个清洁筒,如图 3-58 所示。用于清洁喷涂涂料后的喷枪,尤其是重力式喷枪,不必旋下喷壶和喷枪枪帽,用自动刷子预清洁喷枪外部。在清洁过程中喷枪被从风管接口进入的压缩空气充满,因而清洗溶剂不会渗入到喷枪的风道里面,以免残渣堆积。

2. 溶剂回收机

溶剂回收机的主要作用是将含有杂质、异色、涂料等废溶剂通过蒸馏回收后还原成初始状

喷枪清洗机

图 3-58 喷枪清洗机

喷枪保养工具

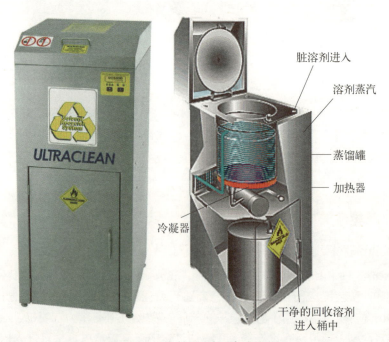

图 3-59 溶剂回收机(手动转入)

态,并二次用于清洗喷枪,同时将废料分离到回收袋中,溶剂回收机根据溶剂的转移方式分为主动转入和手动转入两种,手动转入溶剂回收机如图 3-59 所示。

项目四 常规漆面修复

汽车在行驶中,受到自然环境如日晒、雨淋、酸雨等侵蚀,以及在行驶中受到意外的碰撞事故,使漆面出现氧化、起泡、龟裂、脱落、锈蚀等,因此漆面就需要进行修补。

常规漆面修复工序包括底材处理、原子灰的施工、中涂底漆的施工,以及面漆的施工。

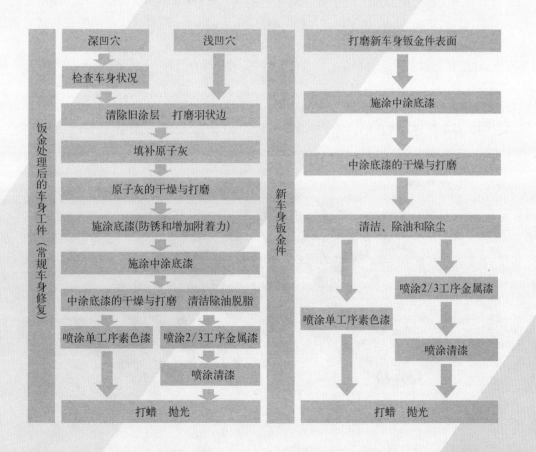

活动一　底材处理

活动目标

知识目标	列举出底材处理的基本工序
	熟练说出底材处理的基本要点与实施目的
技能目标	能够独立完成漆面损伤的评估
	能够正确对汽车底材做出完善的前处理

知识准备

底材处理又称表面预处理,是汽车涂装工艺的第一步,汽车漆面修补也一样。应根据被涂物的用途、材质、要求和表面状况,采用与其相适应的处理方法,底材处理质量的好坏将直接影响漆膜涂层的质量。只有经过处理的底材,确保其表面无油、无锈、无其他污物,并具有一定的粗糙度,才能使涂料牢固地附着在底材上面。故正确规范的底材处理是保证涂层使用寿命及质量的重要环节。

随着现代汽车工业的发展,汽车车身表面所用的材料不止局限于钢铁,其他金属材料和非金属材料也越来越多地被使用。常见的有镀锌板、铝镁合金、塑料、玻璃钢、碳纤维复合材料等,如图4-1所示为铝合金车身覆盖件,因此对于不同车身材料的板件应采取不同的前处理方式。

图4-1　铝合金车身覆盖件

通常底材处理包括清洁、面漆类型评估、损伤评估、损伤涂层去除、羽状边打磨、防锈处理等几项作业。

一、清洁损伤区域

当维修车辆进入汽车涂装车间前,需在汽车清洗工位使用高压水枪对整个车体上附着的灰尘、泥浆、树液、鸟粪进行彻底的清洁。进入汽车前处理工位后,需用除油剂对损伤区域进行再次清洁,以去除车身上的硅、油、蜡、沥青及塑料件上脱模剂等残留物,如图4-2所示。

图4-2 清洁损伤区域

维修之前先
清洗车辆

二、粘贴防护

利用遮蔽纸等防护材料粘贴在不需要打磨的区域,避免未损伤部位受打磨损伤或造成污染,如图4-3所示。

图4-3 粘贴防护未受损区域

喷涂前处理
整平技巧

三、漆面类型评估

完成损伤区域清洁后,需对维修车辆面漆的类型进行准确的评估。采用合理的方法评估面漆层是素色漆还是银粉漆、珍珠漆等。如果是素色漆,还需判断是单工序素色漆还是双工序素色漆,是热固性漆膜还是热塑性漆膜。

检查原漆膜是热塑型漆膜还是热固型漆膜,检查方法是使用干净的白布,蘸硝基稀释剂擦拭损伤部位的漆膜,如果漆膜掉色或擦拭后出现比较严重的失光,则说明旧漆膜可能采用的是硝基漆或热塑性丙烯酸涂料等溶剂挥发型涂料,如图4-4所示。如果漆面评估后是热塑型漆面,后续的喷涂作业需特别小心,防止出现咬底,必要时需将涂层全部去除直至底材;也可打磨后喷涂隔离性较好的封闭中涂底漆进行隔离。

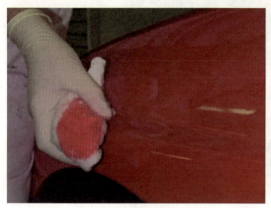
热塑型漆膜

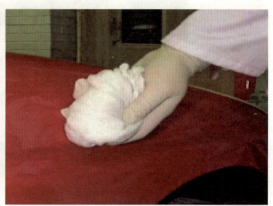
热固型漆膜

图4-4 漆面类型评估

四、损伤评估

在底材打磨作业之前,必须精准地对车身板面损伤部位进行检视,以评估表面上的凹陷、凸起损伤程度及位置,这样才能最快速地完成漆面的修复作业。

车身板面损伤部位检视的方法分为三种,分别为:手触摸法、目视法、以直尺测量法。较常用及较方便的检视方法是以手触摸以及以眼目视。

1. 目视评估

根据光源照射钣金件的反射情况,以评估损坏的程度和受损面积的大小。稍微改变人的眼睛相对于钣金件的位置,便可以看到微小的变形,如图4-5所示,再使用水性笔或600号细砂纸标记损伤区域,但当损伤区经钣金作业已去除损伤区涂层后,或光源不足的地方就不能采用这种方法。

2. 触摸评估

手是检视板件凹凸最为方便的工具,手部最为敏感的部位集中在指尖,用手触摸时最好先减小板件的粗糙程度,这样可以增加手部的敏感度。

① 用手触摸检视板面时以推与拉的直线方向进行,如图4-6所示,拉时的手部感觉特别

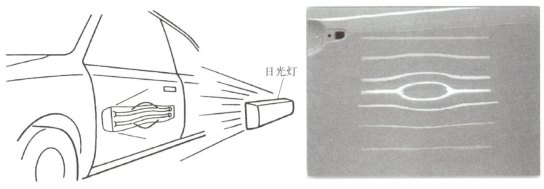

图 4-5 目视评估

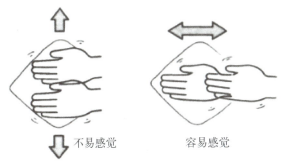

评估受损范围

图 4-6 手部推拉评估

敏锐,手拉的移动速度约为 2~5 cm/s。此时必须将感觉集中于手指之间,以确实找到凹凸的部位,并且可以判断使用多少原子灰。

② 评估者可戴上棉纱手套,从各个方向用手触摸工件,将注意力集中在手上,用手去感觉损伤范围的大小。从未损伤区向损伤区再向未损伤区触摸,可以更容易通过触感感觉到不平表面的范围,且在评估过程中还能感知损伤处凹陷的深浅,如图 4-7 所示。

注意: 手部触摸的部位不仅只是钣金修复区域,应扩及原子灰刮涂周围平整的部位。

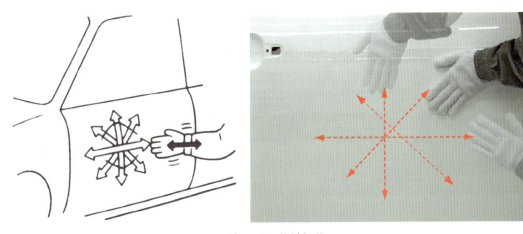

图 4-7 触摸评估

3. 维修部位张力评估

用手指按压维修部位的板面(手指甲盖变白),如图4-8所示,将受损部位与非受损部位的张力进行对比评估,如果受损表面较高且张力小(出现"哗啵"声),则须对板件进行修复,增加板件强度。

图4-8 维修部位张力评估

4. 直尺评估

对于较大的平面,如发动机舱盖、行李箱盖、车门等地方可以采用直尺测量评估。将直尺置于钢板表面,比较未损伤部位、损伤部位和直尺之间的间隙,如图4-9所示。如果钢板有凸起的情况,可用凿子和锤子对钢板进行修正,严重的应请钣金人员修整操作。

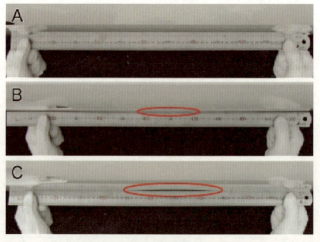

图4-9 直尺法评估损坏程度

五、损伤涂层去除

当确定损伤区范围后,就必须将损伤范围内的涂层全部去除,如有锈迹也应全部去除,去除损伤区涂层和锈迹的方法有很多,实际作业多用单动作打磨机去除,如图4-10所示,其研磨速度快、效率高。打磨时,打磨机施力不要过大,用打磨机的前部接触漆面,与板面约成5°～20°。

清除旧漆层和锈蚀

图4-10 损伤涂层去除

六、羽状边打磨

在清除损伤区漆膜后,在原子灰刮涂之前需产生一个宽的、平滑的边缘,以增加附着力,此时可以将涂膜边缘打磨,形成一个缓和的斜坡,从而消除车身板面与旧涂层的段差,打磨后的斜坡就称为羽状边。通常羽状边由两部分组成,分别是羽状边区域和磨毛区域。规范的羽状边,要求打磨后过渡平顺,无台阶(用手触摸底材和涂层,不能明显地感触到有台阶),磨毛区范围合理(便于原子灰的刮涂、打磨),如图4-11所示。

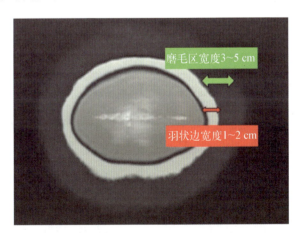

制作羽状边

图4-11 羽状边研磨

打磨羽状边时,选择偏心距为5～7 mm的双动作打磨机配合不同粒度的砂纸P60～P80、P120、P180、P240由粗到细依次打磨,打磨时可采用弧形打磨法,根据打磨头的转动方向从外向内打磨,如图4-12所示。羽状边的宽度越宽,底材与涂层的过渡就越平顺,其宽度由旧漆层的厚度所决定,一般原厂涂层羽状边打磨后的宽度在3 cm左右。

打磨羽状边

板材清洁脱脂

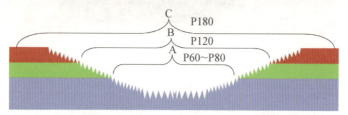

图 4-12　羽状边研磨

七、清洁脱脂

使用吹尘枪将板件打磨后遗留的粉尘清除干净,然后使用蘸除油剂的擦拭纸擦拭整个打磨区域,在除油剂尚未干燥时再使用干净的擦拭纸擦拭一遍,如图 4-13 所示,特别注意,除油过后的金属板件请勿用手触摸。

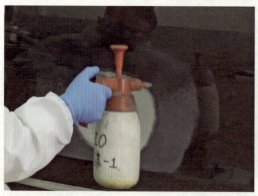

图 4-13　清洁脱脂

八、防锈处理

防锈处理作为底材处理最后一道工序非常关键。新车在生产线上喷涂时,为防止金属表面腐蚀,提高附着力,需进行防锈处理。在修补时,也不能在裸露的钢板表面直接喷漆,也须进行防锈处理。目前汽车修补漆作业中常用的防锈处理是采用施涂环氧底漆和侵蚀底漆。环氧底漆不但有较强的抗腐蚀能力,且能提供较大的附着力,方便下道原子灰施工或中涂底漆喷涂,而施涂侵蚀底漆后便不可进行原子灰施工。其施工可采用喷涂或刷涂两种方式,一般较小面积时可采用刷涂或者自喷漆喷涂,如图 4-14 所示;如修补面积较大或者整板施涂时可采用喷涂(采用 1.3 mm 口径的面漆喷枪)的方法。环氧底漆施工只要求一个连续的薄层即可,只需 15~20 μm,无须喷涂太厚,以免增加涂料消耗及漆层闪干时间,降低工作效率。

图 4-14　环氧底漆的施工

施涂底漆

活动二 原子灰的施工

活动目标

知识目标	列举出原子灰施工的基本工序
	熟练说出原子灰施工的基本要点及施工目的
技能目标	能够独立完成原子灰调配与刮涂的操作
	能够独立完成原子灰的干磨整平操作

知识准备

与汽车 OEM 车身涂装工艺相比，原子灰施工是汽车漆面修补涂装工艺中特有的一道工序。经过钣金修复的车身表面需要形成可以进行涂装的表面，最为有效、经济的方法就是对损伤区进行原子灰刮涂及打磨，使损伤区完全恢复损伤前形状。

原子灰的施工主要包括原子灰调配、原子灰刮涂及原子灰打磨三个步骤。其中原子灰刮涂的次数主要取决于底材损伤区的情况、施工质量的要求及操作人员的技术水平，但应遵循多次刮涂、一次打磨的工艺原则。即对损伤区进行多次原子灰薄刮，使原子灰填充紧实，无气孔，直至原子灰已完全填充损伤区，经一次打磨使原子灰层成型，损伤区恢复原状。

一、原子灰的选择

1. 根据施涂底材的类型选择

在原子灰施工作业前，应该根据底材的材质的不同，选择合适的原子灰。对于车身钢板镀锌板、铝合金板等金属底材应该选用钣金原子灰。塑料件最好选用专门的塑料原子灰，除了有很好的附着力还有相应的柔韧性，如图 4-15 所示。对于某些敏感的底材板件，则需要按照要求选择特定类型的原子灰。

2. 根据涂料的附着性、耐热性和施工性选择

选择的原子灰要与金属和旧涂膜有良好的附着性能。同时，具有较好的耐热性，在 120℃温度下，30 min 以上不产生起层、开裂、气泡等问题。在施涂后能在 30 min 左右或较短的时间内干燥，以便进行打磨操作。要有良好的打磨性，如果原子灰干燥后打磨性能差，不仅会增加施工时间，造成施工者疲劳，而且易造成原子灰层周边所接触的旧涂膜过多磨损，使得整个施涂表面凸凹不平，不得不重新施涂原子灰。好的原子灰附着力强、延展性好，刮涂时表面细腻、不粘

图 4-15 塑料原子灰

刀、无砂眼,打磨后平整、无气孔。

3. 根据打磨设备和工具选择

原子灰施涂干燥后,如果采用湿打磨设备和工具,则所选的原子灰必须要有很好的耐水性。如采用干研磨设备和工具,对原子灰的耐水性要求则相对于湿打磨来说较低。

二、原子灰的调配

1. 混合原子灰基料

① 新开罐的原子灰或者隔夜再次使用的原子灰,罐中原子灰各成分会发生一定程度的分离,其中相对密度较大的颜料、填充物沉在底部,而相对密度较轻的树脂、溶剂、添加剂则浮在上面,故在使用前务必用搅拌棒从罐底彻底地搅拌,使原子灰基料充分混合,如图 4-16 所示,原子灰罐每次用后必须盖好,以防溶剂蒸发。如果溶剂蒸发了,要向罐中倒入专用的溶剂。

图 4-16 原子灰主剂搅拌　　　　　图 4-17 原子灰固化剂揉搓

② 原子灰用的固化剂使用前先打开管盖将存留在管内空气挤出,然后拧上管盖,用手掌在管外揉搓使固化剂均匀,如图 4-17 所示,原子灰用的固化剂是一种过氧化物,在固化的过程中会发出大量的热量,需特别注意。

2. 取原子灰

目测评估原子灰刮涂面积,帮助确认调配原子灰的量。在调配原子灰时用刮刀把原子灰主剂拨在原子灰调合板上,原子灰固化剂按原子灰主剂质量的2%~3%的比例(参照供应商的要求调配)放在原子灰主剂的旁边,如果原子灰固化剂过多,干燥后就会开裂,过少就难以固化干燥,如图4-18所示。原子灰主剂与固化剂调和时,固化剂的配比量可以随气温的变化适当调整,具体数值应以产品说明书为准。

合成原子灰

图4-18 取原子灰

3. 搅拌原子灰与固化剂

原子灰与固化剂的混合可根据原子灰的使用量选择在搅拌盘上进行或在刮刀上进行。判断是否搅拌均匀的方法是看颜色是否一致,因为原子灰用的固化剂一般为红色或黄色,如果搅拌后颜色不一致,就说明还没有搅拌均匀,未搅拌均匀就进行刮涂,会导致固化不匀、附着力差、起泡、剥落等缺陷。

具体步骤如下:

① 用刮刀的尖端盛起固化剂,放在原子灰的中心部位。

② 抓住刮刀,轻轻提起其端头,像画圆圈一样,从中心向外侧均匀搅合。

③ 从左侧铲起1/3的原子灰,翻转其余原子灰。

④ 将刮刀基本上与混合板持平,并将它向下压。一定要将刮刀在混合板上刮削,不要让原子灰留在刮刀上。

⑤ 用刮刀将1/2的原子灰铲起进行翻转。

⑥ 与步骤④相同,将刮刀基本上与混合板持平,并将它向下压,从步骤③重复。

⑦ 在进行步骤③~⑥时,原子灰往往向上朝混合板的顶部移动。在原子灰延展至混合板的边缘时,盛起全部原子灰,并且将它向混合板的底部翻转。重复步骤③~⑥,直到原子灰充分混合,原子灰调配如图4-19所示。

注意:

原子灰有可用时间的限制。所谓可用时间是指主剂和固化剂混合后,保持不硬化、能进行刮涂的时间。通常在20℃条件下,可以保持3~5 min左右。因此应根据调和所需时间和刮涂所需时间,决定一次拌和的量。如果调和效果不好,反复长时间调和,超过可用时间或留给刮涂的时间过短,原子灰就会迅速固化而不能使用。

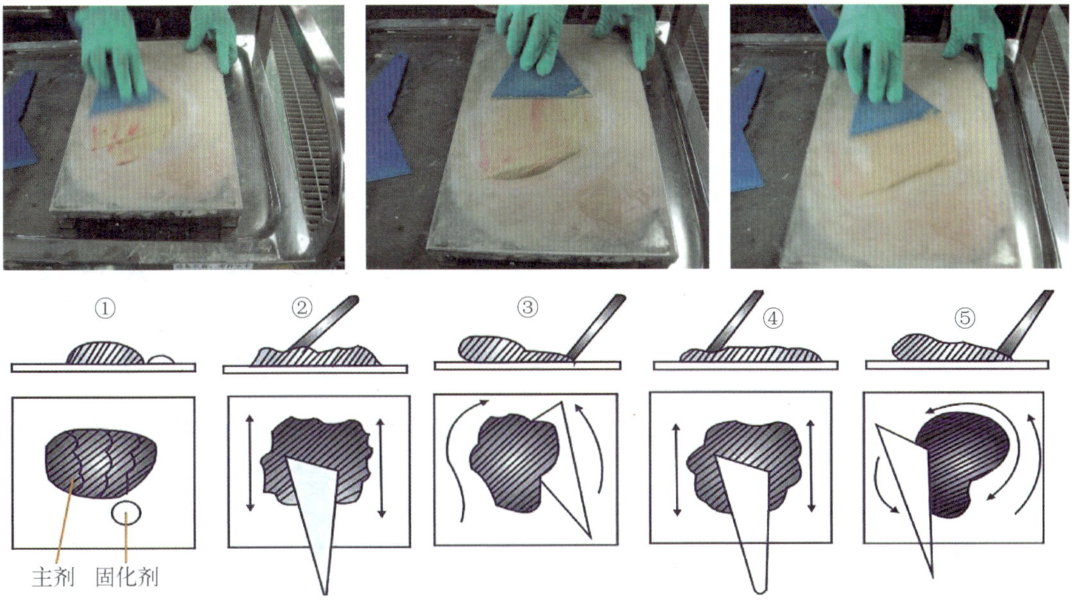

图 4-19 原子灰的调配

三、原子灰的刮涂与干燥

1. 原子灰的刮涂

操作者利用不同的刮涂工具将调配好的原子灰快速地刮涂在损伤区域内,使原子灰尽量填补在损伤区凹坑内,未损伤区不要留有过厚的原子灰,而且原子灰层边缘要平顺过渡。尝试过刮涂便知,当刮刀与刮涂面角度越大,刮涂后的原子灰层就越薄;反之,原子灰层较厚,同时手指的力度也能控制原子灰层的厚薄,如图 4-20 所示。原子灰刮涂后,要求完成的原子灰层边口过渡平顺,不能有台阶,刮刀痕尽可能地少,在完全填充损伤区的同时越薄越好。

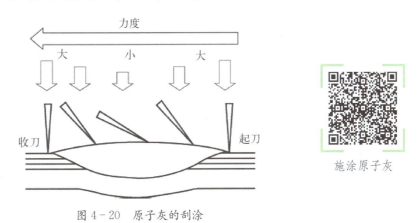

图 4-20 原子灰的刮涂

施涂原子灰

一般平面原子灰刮涂方法如下:
(1) 第一道薄刮
选用硬质刮刀,并将刮刀立起与板件角度控制在 60°~90°,沿底材薄薄地压挤施涂,确保原子灰渗入细小的划痕和针孔。此层原子灰只求平整,不求光滑。对汽车车身表面较大的凹坑施涂只要初步平整,不要为了一次刮平而使原子灰层厚度超过 5 mm。施涂方向横、竖均可,以有利于填平凹坑为准则。对汽车车身表面折口及轮廓线处,施涂时要注意造型及平直性,为以后施涂各层原子灰操作打下良好的基础,如图 4-21 所示。

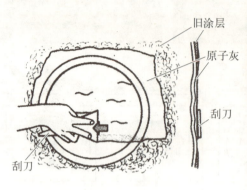 

图 4-21 第一道薄刮

(2) 第二道填补原子灰

将刮刀放平些,与板件角度控制在 35°~45°左右,填补原子灰。此层原子灰仍以填平为主,不求光滑。施涂时的面积应略大于第一层原子灰的面积,注意边缘原子灰的平直性。较大底材施涂时与上一层原子灰的接口应错开,即不要使各层原子灰的接口在同一部位,以免产生缺陷。施涂的方向应顺着流线型(按汽车造型水平方向)方向,并遵循从上到下、从右到左的原则,施涂时尽可能拉长一些,以减少施涂接口。注意原子灰层的厚度与原涂面基准点平齐,如图 4-22 所示。

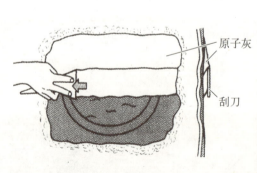 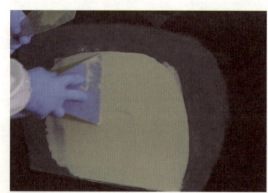

图 4-22 第二道填补原子灰

(3) 第三道收光刮涂

使用刮刀刮涂第三道原子灰,这一层原子灰主要填充前两层原子灰留下的砂孔以及遗漏的轻微凹陷,以光滑为主兼顾平整性。施涂时以手的压力与刮具弹性相结合,使施涂的原子灰层平整光滑,在表面刮平的同时,将原子灰边缘刮薄。此层原子灰层方向与上一层原子灰操作相同。局部施涂时的原子灰层面积稍大于上一层原子灰的面积,同时注意原子灰层边缘与旧涂层过渡平和。对于汽车车身表面若隐若现的轮廓外形线,施涂时要注意其平直性,如图 4-23 所示。

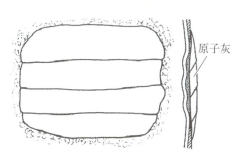

图 4-23 第三道收光刮涂

原子灰刮涂不要过厚，以免增加打磨时间，降低工作效率。但一定要稍高于未损伤工件的表面，如图 4-24 所示，施涂效果如图 4-25 所示。

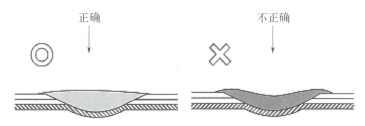

图 4-24 原子灰刮涂结果

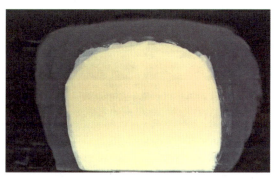

图 4-25 原子灰施涂效果

原子灰施涂与干燥

2. 原子灰的干燥

新刮涂的原子灰由于其自身的反应放热固化速度较快，一般在施涂 20~30 min 后就可打磨。如果环境温度太低或者空气湿度太大，为了缩短原子灰的干燥时间，可以使用短波红外线烤灯，设定温度不超过 50℃，距离 80 cm 加热原子灰干燥 4~5 min，如图 4-26 所示。原子灰在固化的过程中会产生大量的热量，所以原子灰边缘薄的部分往往比中间厚

图 4-26 原子灰的干燥

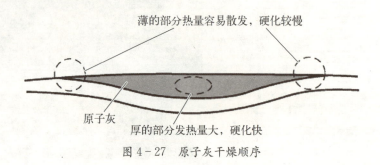

图 4-27 原子灰干燥顺序

的部分固化得慢,如图 4-27 所示。

3. 原子灰干燥确认

在确定原子灰开始打磨之前,必须保证原子灰干燥完全,可以使用补灰板或指甲剥灰的边缘部分,如不能剥下,则可以进行打磨,如图 4-28 所示。

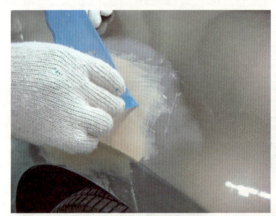

图 4-28 原子灰干燥确认

4. 原子灰的打磨

原子灰层彻底干燥后即可打磨,打磨原子灰时注意只能干磨,不能水磨,因为原子灰的吸水性很强,当水磨残留水分不能很好地挥发时,就会导致漆膜起泡、起痱子、剥落、金属底材锈蚀等现象。打磨原子灰层主要是为了取得平整光滑的成形表面,可采用手工打磨或机械打磨的方式进行,机械打磨适用于修补面积较大以及平整的底材,可降低劳动强度,提高工作效率。手工打磨适用于一些形状复杂的底材,如转角、折口、外形线、弧形、凹形部位等。在原子灰打磨时两种方法可结合进行。

原子灰打磨大致可分为三个步骤:粗磨、中磨(面成型)、精磨(消除砂纸痕迹达到喷中涂底漆的要求)。

(1) 施涂打磨指示层

原子灰本身没有亮度,表面刮涂不平整,砂眼、砂纸痕等瑕疵都不容易看出,可通过在原子灰上施涂打磨指示层来帮助判断表面状况。在每次更换砂纸、打磨工具时施涂打磨指示层,如图 4-29 所示。

碳粉指示剂使用
与原子灰打磨

图 4 - 29　施涂打磨指示层

（2）原子灰粗磨

根据原子灰涂层厚度及面积选用双动作打磨机、轨道式振动打磨机或手磨板配合 P80～P120 干磨砂纸对整个原子灰刮涂区域进行粗打磨，以消除原子灰范围内的刮刀痕，将平面大致打磨平整。

进行打磨作业时，应该把打磨机接触到原子灰表面后再起动，先以原子灰区域最长方向连续直线打磨，然后再按前后、左右、对角方式进行交叉打磨，不能只朝一个方向或者只在个别区域打磨，这样容易造成原子灰层打磨变形及打磨过度，如图 4 - 30 所示。此外打磨时也不能在打磨工具上施加较大的压力。

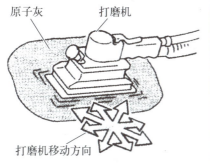
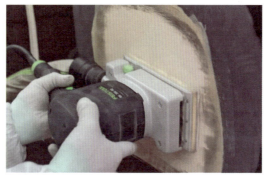

图 4 - 30　原子灰粗磨

（3）原子灰中磨

原子灰刮涂区域粗打磨完成后，改用手磨板等打磨工具配合 P120～P180 干磨砂纸处理边角等不适合使用打磨机的位置和用打磨机打磨后的原子灰表面修饰研磨，以及进一步需要修饰的部位，如图 4 - 31 所示。同时打磨时要一边触摸检查表面平整度，一边仔细打磨表面。同样为防止产生深的划痕，打磨工作要限制在原子灰覆盖的范围内，不得磨出原子灰的区域。

（4）原子灰精磨

使用偏心距为 5～7 mm 的双动作打磨机配合 P180～P240 干磨砂纸打磨，此次可以轻轻打磨原子灰区域以外的地方，以调整原子灰和周边区域的段差，范围不宜太大，以超出原子灰范围 1～2 cm 为宜，边缘开始出现羽状。此阶段要求打磨恢复工件表面的形状，平整度符合要求，如

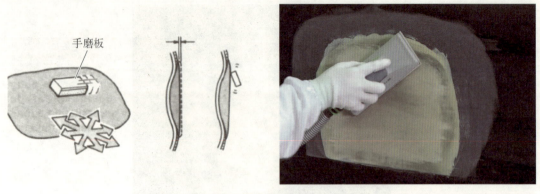

图 4-31 原子灰中磨

图 4-32 所示,最后用双动作打磨机配合 P320~P400 砂纸打磨从原子灰边缘至喷涂中涂底漆的范围,宽度不少于 10 cm,如图 4-33 所示。

图 4-32 原子灰精磨

研磨过程中已经暴露高于未受损表面的点

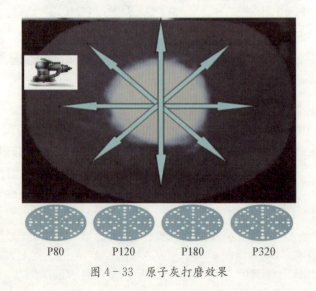

图 4-33 原子灰打磨效果

(5) 原子灰打磨的确认

如果在打磨过程中未及时地判断是否磨平，就非常容易出现打磨过度的现象，就不得不重新刮涂原子灰，所以在打磨过程中应不间断地用手触摸原子灰来判断是否研磨平整。触摸时，用手快速地从未损伤区滑向原子灰层再到未损伤区，以手指手掌上的触感来判断原子灰层的平面度，如图4-34所示。

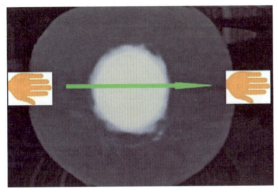

图4-34 原子灰打磨的确认

图4-35 原子灰打磨确认后的效果

打磨结束后，使用抹布清洁，确认表面有无细微的砂纸打磨痕迹、原子灰和旧漆膜边界部有无层差等的问题，如图4-35为原子灰打磨确认后的效果。

5. 原子灰的打磨后的清洁脱脂

确认原子灰打磨没问题后，用吹尘枪将原子灰表面的粉末和尘屑吹干净，吹尘枪尽量靠近原子灰表面，同时注意将原子灰砂眼内部的粉屑切底清除以防气泡的产生，最后使用蘸除油剂的擦拭纸擦拭整个打磨区域，在除油剂尚未干燥时再使用干净的擦拭纸擦拭一遍，如图4-36所示。

图4-36 原子灰打磨后的清洁脱脂

活动三　中涂底漆的施工

活动目标

知识目标	列举出中涂底漆的施工工序
	说出中涂底漆的施工目的
技能目标	能够独立完成中涂底漆喷涂前的遮蔽贴护操作
	能够独立完成中涂底漆调配操作
	能够独立完成中涂底漆喷涂操作
	能够独立完成中涂底漆打磨操作

知识准备

当汽车受损区域已做底材处理及原子灰施工后,为使修补后的涂层与原厂涂层一致,必须喷涂双组分中涂底漆。中涂底漆起封闭底材涂层和填充的作用,为面漆喷涂提供良好的基础,以提高面漆的鲜映性和丰满度。

中涂底漆施工工序分为中涂底漆喷涂前的遮蔽贴护、中涂底漆调配、中涂底漆喷涂、中涂底漆打磨。

一、中涂底漆喷涂前的遮蔽贴护

喷涂中涂底漆前,为了防止喷涂过程中产生的虚漆、漆雾粘到其他未受损工件、密封条、装饰条表面,需要对相关部位进行遮蔽贴护。

进行中涂底漆喷涂前遮蔽作业时采用反向遮蔽法贴护,即先将遮蔽纸盖在待喷涂的部位,然后用胶带粘住遮蔽纸的一边,接着再将遮蔽纸沿着固定的这一边为轴翻转到非喷涂区域固定,使得遮蔽纸原来的里面朝外、外面朝里的一种遮蔽方法。这种方法可以避免段差现象产生,让新涂层与旧涂层的边界过渡平滑,如图 4-37 所示。

遮蔽时应注意以下事项:
① 不要将遮蔽纸胶带粘贴在需要喷涂的区域或未经清洁的表面。
② 遮蔽贴护时不能将胶带粘贴在不洁净或潮湿的表面上;胶带不能粘贴在密封橡胶件上。
③ 遮蔽贴护时应尽量压紧胶带的边缘。
④ 遇到曲面时,可将胶带的内侧弯曲或重叠。

⑤ 为了保证遮蔽胶带的粘附效果,应先对喷涂工件和周围区域进行除油清洁,可以避免遮蔽完成后再进行除油清洁,而破坏遮蔽部位。

⑥ 如果一个遮蔽区域使用了密封条,则遮蔽材料必须在密封条刚干以后,趁其还是热的时候就要剥除。如果遮蔽密封条的材料在密封条冷了以后才剥除,那么密封条就会变形,并且难于恢复至原形。

图4-37 中涂底漆喷涂前的遮蔽贴护

贴护遮蔽

二、中涂底漆的调配

中涂底漆是处于面漆涂层之下、原子灰或底漆之上的涂层,主要功能是改善被涂工件表面和底漆涂层之间的平整度,为面漆层创造良好的基础,以提高面漆涂层的鲜映性和丰满度,提高整个涂层的装饰性和抗石击性。

中涂底漆在调配前需要开启涂料搅拌架上的电动机开关进行长时间搅拌(15~20 min),如不充分搅拌就进行调配,容易造成涂膜过薄,使其填充能力变差。现在常用的都是双组分中涂底漆,在调配时需要严格按照说明添加固化剂和稀释剂,不可随意改变添加量或以其他品牌的类似产品代替,调配好的涂料应尽快使用,具体操作如下:

① 根据底色漆的灰度选择合适的中涂底漆灰度值,可查阅涂料生产厂商的资料。

② 为达到完美修补,建议使用双组分中涂底漆。注意根据喷涂面积合理地调配中涂底漆用量,避免浪费。

③ 根据产品使用说明,按规定比例添加固化剂与稀释剂,并充分搅拌;需使用配套的比例尺,不同品牌的比例尺比例有所差异,不可混用,如图4-38所示为中涂底漆的调配。

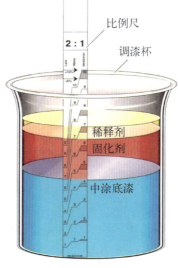

混合中涂底漆

图4-38 中涂底漆的调配

④ 调配后，在中涂底漆的活化时间内完成喷涂工作，通常在常温（20℃）时中涂底漆的活化时间为 2 h。超过 2 h 不可再用，需重新调配。

三、中涂底漆的喷涂

1. 喷枪选择

按照产品要求正确选择和操作喷枪，中涂底漆需使用喷嘴口径为 1.6～2.0 mm 的底漆喷枪，在喷涂免磨中涂底漆时，则需使用喷嘴口径为 1.4 mm 的底漆喷枪。通常湿喷一层或喷涂一个双层即可，喷枪设定参数需参照涂料厂商产品资料，设定好喷枪后，在试喷纸上进行试喷，以确保喷枪的调整效果，如图 4-39 所示。

图 4-39 底漆喷枪

图 4-40 底漆喷涂前的清洁脱脂

2. 底漆喷涂前的清洁脱脂

使用除油清洁剂对整个待喷工件表面进行除油清洁后，用粘尘布轻轻擦拭喷涂表面，如图 4-40 所示。

3. 中涂底漆喷涂

中涂底漆一般喷 2～3 层，涂层厚度可达 50～70 μm，喷涂时每层间留足够的静置时间，使中涂底漆中的溶剂挥发，直至中涂底漆失去部分光泽，一般需要 5 min 左右，如图 4-41 所示。

如果是局部修补而不是整板喷涂，一般有以下两种喷涂方法：一种是按照从大到小的顺序喷涂中涂底漆，喷涂面积逐渐缩小，最后一层喷涂原子灰覆盖区域；另一种方法是按照从小到大的顺序喷涂中涂底漆，第一层喷涂原子灰覆盖区域，然后每层逐渐扩大喷涂面积，具体如下。

（1）中涂底漆一般的喷涂方式（局部）

1）施喷技巧

① 喷涂压力：1.8～2.2 bar。

② 喷涂距离：一般 150～250 mm。

活动三 中涂底漆的施工

底漆喷涂

图 4-41 中涂底漆喷涂技巧

③ 喷涂操作：

a）喷涂中涂底漆时，第一道漆雾喷在原子灰、羽状边缘和磨穿的区域，待表干后才可湿喷中涂底漆。

b）稍干后，喷涂第二道湿喷包覆第一道喷涂范围，即对整个原子灰表面再薄薄地喷涂一层，如图 4-42 所示。

c）中涂底漆的最大涂层厚度通常要分 2~3 道喷涂过程来完成，每道喷涂之间都要有足够的闪干时间（3~5 min）。

d）喷涂 2~3 层，厚度约为 45~80 μm。

④ 喷涂面积应比修补的原子灰子面积大许多，而且第二遍比第一遍大，第三遍比第二遍大，逐渐加大面积。相邻的几块小修补，先预喷小块原子灰修补处 2 遍，然后再整体喷涂 2~3 遍，连成一大块。

图 4-42 中涂底漆喷涂

2）一般的喷涂方式优劣

一般中涂底漆的喷涂方式是第二道喷涂时包覆第一道喷涂范围，这种喷涂方式如图 4-43 所示。由于中涂底漆黏度高，所以第一道漆的边缘处产生较为粗糙的底漆粉尘，粉尘间都是圆形颗粒状，颗粒间都是点的接触，造成第二道底漆附着不良及包覆缝隙中的空气，打磨后漆面就

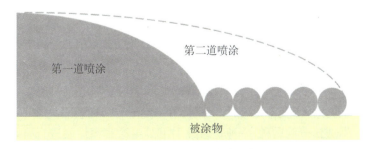

图 4-43 一般的喷涂方式

产生细小孔洞。

（2）中涂底漆缩喷喷涂方式（局部）

1) 施喷技巧

① 喷涂压力：1.8～2.2 bar。

② 喷涂距离：一般 150～250 mm。

③ 喷涂操作：

a) 预先评估中涂底漆要喷多大范围（最大）。

b) 第一道中涂底漆雾喷在维修范围的最大范围。

c) 第二道湿喷在第一道喷涂范围上面，不超出第一道的范围边缘，如图 4-44 所示。

d) 中涂底漆的最大涂层厚度通常要分 2～3 道喷涂过程来完成，每道喷涂之间都要有足够的闪干时间（3～5 min）。

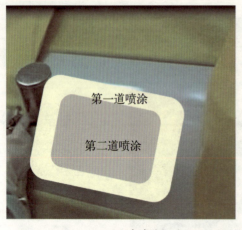

图 4-44 缩喷喷涂方式

2) 缩喷的喷涂方式优劣

使用缩喷方式就是跟一般的喷涂方式倒过来，先宽后窄，如图 4-45 所示。第一道喷涂最大范围，第二道喷涂缩限在第一道的范围内。这样就不会包覆第一道产生的粗糙边缘，也不会包覆空气产生细小孔洞，而且由于第二道中涂底漆是湿润地全面贴粘第一道漆面，亦不会有附着不良的问题产生。

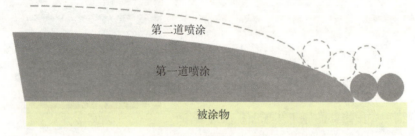

图 4-45 缩喷喷涂方式

对于整板喷涂中涂底漆时可先喷边再喷面。

4. 中涂底漆干燥

中涂底漆喷涂完成后，闪干 5～10 min，可以使用红外线烤灯对喷涂部位进行局部烘烤，加速中涂底漆的干燥速度，如图 4-46 所示，烘烤温度不超过 60℃，烤灯灯头距离板件距离 80 cm 左右，持续烘烤 15～20 min，烘烤中时常观察表面，尽量避免中涂底漆在烘烤过程中出现过热导致起皮、鼓泡等不良现象。

四、中涂底漆的打磨

除在"湿碰湿"工艺中使用免磨中涂底漆外，其他的中涂底漆必须打磨后才可喷涂面漆，通过对中涂涂层合理的打磨，以获得光滑、平整且具有一定附着力的表面。

中涂底漆的打磨方法分为两种，一种是通过手工对中涂底漆涂层进行研磨；第二种是通过机器对中涂底漆涂层进行研磨，在实际作业过程中，应该根据实际车身表面状况结合两种方式

活动三　中涂底漆的施工

图 4-46　中涂底漆的干燥

干燥中涂底漆

对整个中涂底漆涂层进行研磨。
中涂底漆的打磨流程如下。

1. 中涂底漆干燥确认

用手触摸确认被烘烤部位已经冷却（可用吹风枪加速降温），并且用手指甲轻轻刮底漆的最外缘，检查底漆是否完全干燥，确认中涂底漆干燥后，拆下车身上贴护遮蔽用的材料。

2. 施涂碳粉指示剂

由于中涂底漆本身没有亮度，所以打磨前要在中涂底漆上涂抹一层打磨指示层，以便在打磨时能判断哪些部位还有缺陷，能更好更快地找出潜在缺陷，如图 4-47 所示，注意在每次更换砂纸、打磨工具时施涂打磨指示层。

图 4-47　涂抹碳粉指示剂

中涂底漆喷涂与打磨

3. 粗研磨整平

使用手磨板配合 P280～P320 干磨砂纸手工研磨，以对原来施涂原子灰的区域进行整平，打

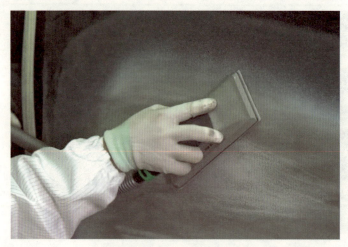

图 4-48 粗研磨整平

磨消除缺陷,如图 4-48 所示。

4. 细磨

改用偏心距为 3 mm 的双动作打磨机配合 P400～P500 干磨砂纸打磨,打磨的范围要覆盖 P320 的研磨范围,以消除砂纸痕,使漆面更加平整、光滑,如图 4-49 所示,注意操作机器时要平贴、轻放、慢慢动,每道打磨重叠均匀,在打磨作业过程中,打磨头要多呈米字形多方向性地移动。

中涂底漆打磨

图 4-49 使用 P400 砂纸打磨 P320 的研磨范围

5. 过渡处理(精细打磨)

使用偏心距为 3 mm 的双动作打磨机配合 P1000 精磨砂棉进行精细打磨,打磨需要覆盖整个 P400 打磨区域,同时需要打磨喷涂清漆的旧漆层,如图 4-50 所示,打磨效果需要达到颜色驳口研磨要求。边角部位或打磨头难以打磨到的部位可用灰色抹布、海绵砂纸手工打磨,如图 4-51 所示。

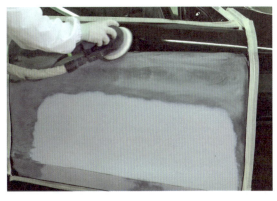
图4-50 精细研磨

图4-51 边角研磨

6. 清洁脱脂

使用吹尘枪配合干的无纺擦拭纸清除板件上的打磨粉尘,然后将除油清洁剂均匀地喷涂在整个工件表面上,并在除油清洁剂未干燥时使用干净的无纺擦拭纸擦拭一遍,如图4-52所示,研磨效果如图4-53所示。

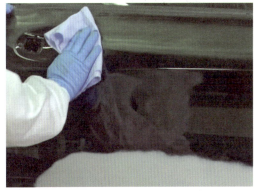

图4-52 清洁脱脂

图4-53 研磨完成后的效果

面漆涂装前的研磨

活动四　面漆的施工

活动目标

知识目标	列举出面漆施工的主要流程
	说出汽车面漆调配的基本颜色理论
技能目标	能够独立操作完成面漆喷涂前贴护遮蔽
	能够独立操作完成底色漆与清漆调配
	能够独立操作完成面漆的喷涂操作

知识准备

面漆施工是汽车漆修补涂装的最后一个环节，也是用户评价修理质量的客观依据。因此掌握面漆喷涂过程的各种要领是汽车修补漆作业者应具备的基本技能。面漆的施工可以分为面漆喷涂前贴护遮蔽、底色漆调配、清漆调配、底色漆喷涂、清漆喷涂。

一、面漆喷涂前贴护遮蔽

汽车面漆喷涂前，为了保护修补部位以外范围不受漆雾、灰尘的污染，因此就要对非修补区域进行覆盖保护，这就是所谓的贴护遮蔽，遮蔽所用到的主要材料就是遮蔽纸/膜，专业的遮蔽纸不容易粘附灰尘，耐溶剂性及耐渗透性强。遮蔽是非常重要的工作，所有部分修补涂装（包括点修补、驳口修补和局部修补）在喷漆前，都要对喷涂区域周围的区域进行遮蔽保护，修补面积较大或点较多时还需进行整车遮蔽。

面漆喷涂前进行遮蔽作业时采用反向遮蔽法贴护，即先将遮蔽纸盖在待喷涂的部位，然后用胶带粘住遮蔽纸的一边，接着再将遮蔽纸沿着固定的这一边为轴翻转到非喷涂区域固定，使得遮蔽纸原来的里面朝外、外面朝里。同时在整车其他未损伤部位盖上遮蔽薄膜，防止涂料外逸，如图 4-54 所示。

二、底色漆的调配

1. 颜色基础理论

（1）影响颜色的三个要素

光源、物体和观察者的眼睛，是产生视觉的三大要素，如图 4-55 所示。这也是我们看到和

活动四　面漆的施工

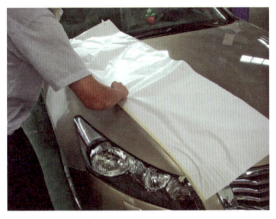

图 4-54　面漆喷涂前贴护遮蔽

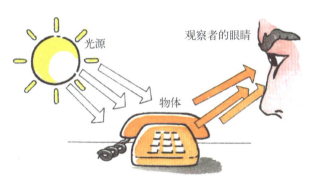

影响颜色的
三个要素

图 4-55　影响颜色的三个要素

分辨颜色必不可少的条件,缺一不可。换言之,这三个因素中任何一个发生了改变,所产生的颜色也会随之发生改变。

1) 光源

光源一般指的是发光体,常见主要有太阳光、白炽灯、荧光灯、火光等。太阳光是调色过程用到的最佳光源,其包含了所有的可见光,它是衡量其他光源的标准。通常车辆颜色多数情况下是在太阳光光线下被看到,所以在调色时应在太阳光的光线下进行颜色对比,尽量避免在雨天或阴天进行调色。由于每一天、同一天不同时段的光线都有强弱之分,建议在日出后 2 h 或日落前 2 h 进行调色作业。有条件的话也可使用专用的配色灯箱进行调色对比,以便正确地辨别颜色差异。

通常钣喷车间内使用的光源多为白炽灯和荧光灯,白炽灯光带有更多的黄光、橙光和红光,而荧光灯带有紫光和红光,在这些光源下进行颜色对比时会造成颜色调配不准确。

可感知的光源是一种波长为 400～700 nm 的电磁辐射。只有这些射线能够刺激观察者眼睛中的光敏感细胞,它们构成了所谓的电磁辐射中的可见光谱,如图 4-56 所示。

不同的波长被感知为不同的颜色,可见光谱即是从紫色(400 nm)到红色(700 nm)。如果光线包含了整个可见光谱且均匀分布,则被称之为白色光,白色光是由所有颜色组成的,可以通过让白色光直接穿过一个透明的石英棱柱,白色光线将分解成彩虹的颜色,如图 4-57 所示,因此

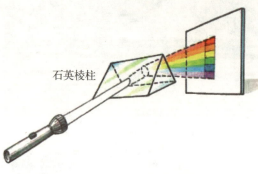

图 4-56 电磁射线

图 4-57 光谱分析

物体颜色反射原理

白色光也是可以被眼睛所感知的。

2) 物体

我们看到周围的物体都具有不同的颜色,由于组成物体的不同材料可以吸收全部光线或者吸收部分光线而反射其他的部分,这些被反射的光线被眼睛所吸收并被用来识别颜色。如当一个物体吸收绿色和蓝色射线并反射红色射线时,物体将显现出红色;同时当一个物体吸收蓝色射线并反射红色和绿色射线时,物体将显现出黄色,如图 4-58 所示。

图 4-58 物体的吸收特性

因此,物体对照射到它表面的光线会有三种不同反应:

① 反射:被反射的光线从物体表面反弹,物体的颜色往往由它反射光的颜色来决定。

② 折射:透过物体的光线在穿过物体时有所改变。

③ 吸收:被物体吸收的光线不会从物体表面逃逸出去。

在汽车修补漆调配过程中,物体表面应提供尽可能准确的颜色信息,因此物体表面应洁净,避免漆面老化,变色和污染。比色背景应以淡色调为主,避免太艳太深,避免反色。

3) 眼睛

人眼的细胞包含了能够对可见光谱的射线起反应的敏感物质,进入眼睛的光线将刺激这些细胞并向大脑传递一个神经脉冲,大脑从这些数以百计的细胞接受到的信息形成了视觉,即形状和颜色,如图 4-59 所示。

人眼中有三种感知颜色的细胞:

① 对红光敏感的细胞。
② 对绿光敏感的细胞。
③ 对蓝光敏感的细胞。

颜色的感知都是通过这三种类型的细胞的敏感度的混合的结果。

(2) 颜色的三个属性

尽管车身上的颜色有很多种,但纵观所有颜色,都有三个共同点,即一定的色彩相貌、一定的明亮程度和一定的浓淡程度。我们把颜色的这三个共同点叫做颜色的三属性或特性,分别称为色相、明度和彩度,也称之为色调、明度和纯度。在调配面漆的颜色时,通过改变这三个要素,可以调配出千千万万种颜色来。

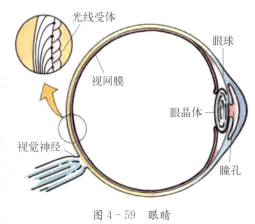

图4-59 眼睛

1) 色相

色相也称为色调,是指色彩的相貌,也是区别色彩的名称或色彩的种类,而色相与色彩的明暗无关。这一个特性使我们可将物体描述为红色、橙色、黄色、绿色、蓝色、紫色。色彩中最基本的颜色是红色、黄色、蓝色(颜色混合原理),它们也被称为"三原色",三原色无法通过其他颜色混合而获得,而其他颜色都可以用这三种颜色通过不同比例混合而获得,如图4-60所示。在修补漆行业配色中我们使用的是减色混合原理,通过减色混合,三原色可以产生次级色,次级色则可以再生三级色。

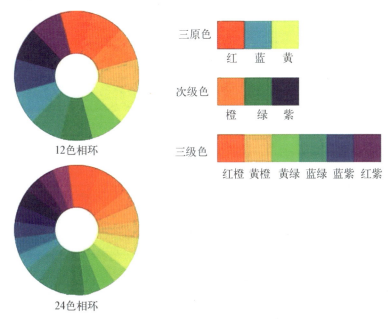

图4-60 三原色、次级色与三级色

2) 明度

色的明亮程度、颜色的明暗度决定光源的照射与物面的反射光强度,在一个表面,即使涂同样一种颜色,由于光照射角度不同,颜色的明暗也有很大区别。明度与光的反射也有很大关系,同一种色相的颜色由于反射率不同而呈现出明显的明亮度差别,大红明度最高,紫红次之,深红最暗。

明度是以白为顶点,沿浅灰、灰、深灰、黑的垂直方向延伸来表示。黑的最暗,理想的黑的反射率为零;白色则为最亮,如图4-61所示。因此,无论哪个色加上白色,都会提高混合色的明度,且加入白色愈多,明度提高愈大;反之,加入黑色则会降低明度,加入黑色越多,明度愈低。如果加入灰色的话,那就要看灰的深浅和多少而定了。

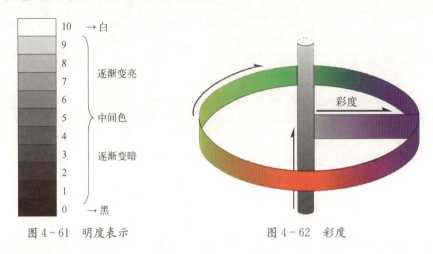

图4-61 明度表示　　　　图4-62 彩度

3) 彩度

彩度指颜色的鲜艳程度,也称为色彩的饱和度。比较彩度一般需要在同一色相和明度的颜色下比较。彩度常用高、低、鲜艳、浑浊来描述,彩度越高,色越纯,越艳;彩度越低,色越涩,越浊,如图4-62所示。

颜色的三个属性是相互独立的,但不能单独存在。它们之间的变化是相互联系、相互影响的,如图4-63所示为色相、明度和纯度之间的关系。因此当某种颜色加入白色可提高其明度,加入黑色会降低其明度。但是,在颜色明度改变的同时,颜色的彩度也会变化,加入白色和黑色的量越多,彩度越低,同时色相也相应变深或变浅。

(3) 涂料调色的拼色规律

1) 色母三原色

色母的颜色系由红、蓝、黄三种原色组成,三原色无法通过其他颜色混合而获得,而其他颜色都可以用这两种或三种颜色混合而来,如图4-64所示。

从三原色的理论上来讲,几乎所有的颜色都可以用这三种颜色调配出来,但在实践中,我们将红、黄、蓝按一定比例混合在一起后得到的将是亮黑色,这是因为光谱中的色光是透明的,而颜料是含有固体成分的,是不透明的。因此用红、黄、蓝三种颜料不能调出所有的颜色,如玫瑰红等颜色。

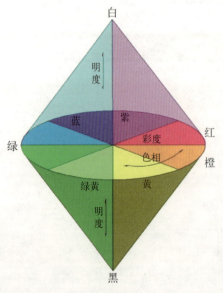

图4-63 色相、明度和纯度之间的关系

图 4-64 色母三原色

2)间色

间色又称之为二次色、次级色,由两种原色混合合成的,由于原色只有红、黄、蓝三种,那么间色也只有三种,如红+黄=橙;黄+蓝=绿;红+蓝=紫,如图 4-65 所示。

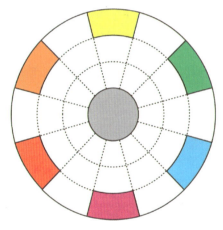

图 4-65 间色

图 4-66 间色与复色

3)复色

复色又称之为再间色或者三次色,是间色和间色混合而产生的色,如橙+紫=橙紫;橙+绿=橙绿;绿+紫=绿紫,间色与复色如图 4-66 所示。每一种复色都包含三原色,只不过有一种颜色成分较多,如橙紫中红的成分较多,橙绿中黄的成分较多,绿紫中蓝的成分较多。

4)补色

补色是一个奇特的色彩,当把它们并置在一起时,它们都以最大程度突出对方的鲜艳,但是将它们混合时,色彩即将从鲜艳变为灰黑色。

补色现象是色彩混合的特殊效应,两个原色可以调成一个间色,该间色与另一个原色则互为补色。也就是说这一间色包含有另外两个原色,因此一对补色总是包含有三原色。如红—绿互为补色=红与黄+蓝;黄—紫互为补色=黄与红+蓝;蓝—橙互为补色=蓝与红+黄,如图 4-67

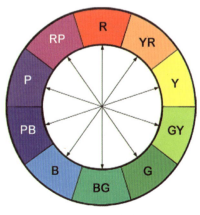

图 4-67 补色

所示。

在涂料调色时,可利用补色关系调整色相,如偏红加绿,偏绿加红,偏黄加蓝,偏蓝加黄。但是颜色彩度会降低,变灰、变浑浊。

5) 消色

原色和复色中加入一定量的白色,可调配出粉红、浅红、浅蓝、浅天蓝、淡蓝、浅黄、奶黄、牙黄等深浅不一的多种浅淡颜色。如果加入不同比例的黑色,则可调出棕色、灰色、褐色、黑绿等明度和色调不同的多种颜色。黑色与白色属于无彩色类,调色时由于白色或黑色的掺入可明显地降低颜色的彩度和明度,使原颜色的色调减弱、改变甚至消失,如对紫色加入等量的黑色,则紫色的色调就会完全消失而变为黑色。因此,把白色和黑色称为"消色",如图 4-68 所示。

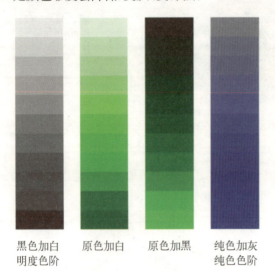

黑色加白　原色加白　原色加黑　纯色加灰
明度色阶　　　　　　　　　　　纯色色阶

图 4-68　消色

在色彩调配过程中合理地使用消色,可以对颜色的色调、明度起到校正调节作用。也由于白色和黑色的掺入,产生了千千万万种颜色。

(4) 条件等色

条件等色又称为同色异构现象,指两个颜色在某种光源下看起来完全相同,但在另一种光源下看起来却不一样的现象,如图 4-69 所示。在调漆过程中应避免该现象出现。

图 4-69　条件等色

1) 形成原因

涂料的颜色是通过颜料来实现的,但不同的颜色具有不同的吸收和反射光的能力,所以,调色的实质是在一定的光源条件下,筛选组合不同的颜色,确定它们的质量和比例,从而使混合后的涂料,在该光源下反射出类似于原色所具备的色光性。在实际调色时,同一种颜色,可以用不同组合和比例的色母调配出近似的色彩,在某种光源下,能达到修补的要求,即配方不同颜色相同。但是,把这两种不同配方的颜色置于其他光源下,颜色的差异就显现出来了。

2）如何防止产生条件等色

在微调对色时，使用标准光源灯箱，在至少两种以上的光源下进行色彩对比，如果在两种光源下，色漆颜色都相同，基本可以排除条件等色。通常出现条件等色现象是在微调时采用了不是配方内的色母，所以在微调时，仅在原配方内的色母进行添加或减少，就可避免出现条件等色。

2. 底色漆的调色

（1）汽车车身颜色获取

在进行面漆调配之前，必须先获取车身颜色，汽车修补漆颜色获取的方法有很多，常见的有盲调（纯凭经验）、色卡对比法、查找原车涂料颜色编号及使用测色仪辨别原车颜色等。

1）盲调（凭经验）

盲调调配方法在市面小规模的调漆店最为常见，就是依据配色规律和长期积累的经验，识别出原车颜色是由哪种主色和哪几种副色组成，配比大约是多少，操作者应具备丰富的调色经验，如图4-70所示。但通常这种调配出来的漆颜色匹配度不高，容易出现同色异构现象，该方法一般用于对涂装质量要求不高的车身部位。

2）色卡对比法

色卡对比法是使用涂料供应商提供的专用比色色卡组与原车颜色进行反复对比，找出与原车颜色最接近的色卡，如图4-71所示。

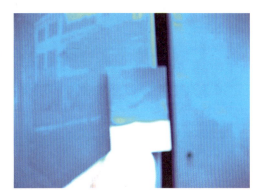

图4-70 盲调

图4-71 色卡对比法

比对色卡、确认颜色

特别要注意，比色时必须在光线充足的地方或标准的光源下进行。同时，为了避免因色卡与车身比色区域的面积大小不同而产生的视觉误差，可将原车的比色区域遮盖，留出一块与色卡面积相同的缺口。

3）查找原车涂料颜色编号

查找汽车铭牌上的色号，然后通过涂料供应厂商的配方光盘或网络在线查色以获取原车的颜色配方，目前大部分乘用车车身都印制有一个颜色编号的漆码，查询到漆码后可以获得原厂漆颜色，最后通过涂料供应厂家提供的原厂色配方以减小修补色与原车色的差别，如图4-72所示。

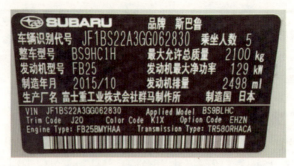

图4-72 查找原车涂料颜色编号

注意：不同汽车厂牌所标示铭牌贴附在车身不同位置，首先找到车身上铭牌所在处，然后查看颜色代码。

（2）调色流程

作为汽车修补漆工艺中最难的调色作业，为使调配后的颜色尽可能地接近原车，在作业时必须要规范操作，严格遵守调色时各注意事项。图4-73为调色作业的基本流程图。

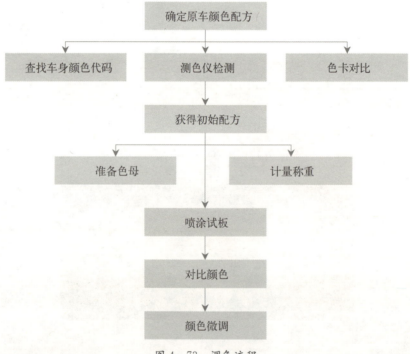

图4-73 调色流程

1) 清洁除油脱脂

清洁所匹配的车身区域，因为车身板件上的漆面会因氧化降低光泽影响色彩，使用除油剂或粗蜡恢复板件上邻近的部位光泽及色彩，如图4-74所示。

2) 确定原车颜色配方

在实际调色过程中，根据车漆不同情况选择不同的配方查找方法，通常待修补车辆还是原厂漆时，用查找车身颜色代码来确定初始配方更为准确，车辆标示铭牌上会标明该车颜色代码，

图 4-74 清洁除油脱脂

注明车身颜色,如图 4-75 所示。然后依据颜色代码找到的色卡与车身进行比对,须注意色彩匹配跟金属漆颗粒粗、细度,珍珠漆还须仔细检查颗粒闪烁颜色。

图 4-75 车辆标示铭牌

如果汽车车身漆面已经有过修补或找不到颜色代码时,用涂料供应商提供的专用比色色卡组对比找出最接近的色卡颜色来确定初始配方;当无法用前两种方法获得初始配方的时候,便可用测色仪检测以获得初始配方。

3) 获得初始配方

获取车身颜色代码后,可以通过涂料供应商的官方网站或配方查询光盘查询漆面颜色初始配方,需要输入车色代号、汽车生产商、生产年份、车型等信息,如图 4-76 所示,便可快速地找到修补车辆的颜色配方,以此配方作为起点,进行颜色微调,可以节省很多时间。

4) 准备色母

为了确保色母重现准确的颜色,使用前必须开启涂料搅拌架电动机开关,彻底地搅拌 15～20 min,如图 4-77 所示。然后取下初始配方对应的色母罐,将其整齐地摆放在调漆操作台上。

5) 准确称量

① 各色母称量。取出一个调漆杯放置于电子秤上,然后按压开启电源或归零键。根据所查配方量将各色母倒入调漆杯中,如图 4-78 所示。注意当调配量过小时,色母的称量准确度

颜色信息

汽车品牌	北京现代	原厂色号	N3Y
颜色名称	闪铜、复古铜	颜色色系	棕、褐
颜色效果	金属漆	颜色年份	14/06/2012
品牌代码	291RB	标准色/差异色	差异色
对应车型	IX35、悦动、索纳塔8		

配方明细

底色层

配方色母	配方净重(g)
P420-942	0.3
P426-HE02	1.6
P420-902	0.8
P420-910	0.4
P425-950	7
P429-976	0.5
P192-528	35.6

配方查询　　　　配方上传　　　　反馈中心

图4-76 初始配方查询

图4-77 准备色母

会有所降低,颜色会不准确,因此每个配方系统都设置了最小调配量。

称量色母时注意以下几点:

a) 有把握时可以一次调够数量,没有把握时先根据配方调出小样。

b) "宁少勿多",对某个色母数量没有完全把握,可以先少加点。

c) 应该把电子秤放在稳固的桌面上,可以减少因为振动引起的误差。

d) 尽量减少空气对流而影响电子秤的准确性,如风、人员走动、门窗开关等。

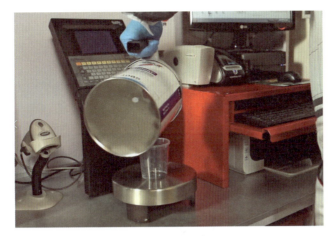

颜色定量调配

图4-78 称量色母

e) 现在修补涂料工作中使用的电子秤精度都是0.1的,第二位的小数部分看不到,需要在心里估算。

② 搅拌均匀。使用搅拌尺将称量好的色母搅拌均匀。

6) 喷涂试色板

喷涂试色板非常重要,可大大降低颜色的不准确性。金属漆在干、湿两种状态下会存在颜色不一致的现象,水性漆变化更大,不同的设备、不同的施工工艺都会造成颜色不一致,故需按标准工艺喷涂试板,在试色板干燥的情况下进行比色;相较金属漆,素色漆不存在正/侧面的变化,且喷涂工艺对颜色影响不大,可通过试色板施涂的方法进行比色。通常金属漆干燥后颜色会变浅,素色漆干燥后颜色会变深。

喷涂试色板操作:

① 将调和好颜色的涂料取出大约30 g放置在另一个调漆杯中,并按规定比例倒入稀释剂进行稀释。

② 调配适量的清漆。

③ 使用125 μm网眼的尼龙过滤漏斗将底色漆过滤到面漆喷枪喷壶中。

④ 将喷涂试色板贴在底板上,准确调整喷枪出漆量、喷幅、气压三个参数。

⑤ 试喷操作,测试喷枪的喷辐是否合适。

⑥ 在试色板上喷涂第一层底色漆,并检查第一层底色漆喷涂后的效果,然后使用吹风筒进行吹干。

⑦ 在试色板上喷涂第二层底色漆,并检查第二层底色漆喷涂后的效果,然后使用吹风筒进行吹干。

试喷片

⑧ 重新调整喷枪,在试色板上喷涂第三层,即效果层,并检查喷涂后的效果。

⑨ 在喷涂清漆之前,先调整好清漆喷枪的各个参数,然后在试色板上喷涂清漆,并检查清漆喷涂后的效果。

在制作喷涂试色板时要注意:

a) 试色板的面积大小合适,通常尺寸是10 cm×15 cm。

b)喷涂试色板时应采用不同的喷涂方法,以衡量能否通过调整喷涂手法使颜色相匹配,但必须保证喷涂车身能够采用同样的喷涂方法,即喷涂试色板的方法与喷涂车身的方法必须保证一致,喷涂工具也必须一致。

7) 对比颜色

将喷好的试色板放入恒温干燥箱干燥后再与车身做比较,如图4-79所示,颜色符合就可施工,颜色不符合就要进行微调,对比颜色时要注意以下几点:

色彩比对

调漆光线

图4-79 对比颜色

① 将车辆停在光线充足的地方进行比色,避免出现条件等色,一般在实际调色中通常在厂房内和厂房外两个地方比色。

② 观察颜色的角度将影响比色、调色的精确度。比色时应从多个角度观察,从正面、半侧面、侧面分析颜色是否一致,如图4-80所示。微调时,正、侧面只能保证某一面颜色一致时,应尽量选择侧面的颜色一致。

图4-80 不同角度对比车身颜色

③ 比色时,充分考虑影响修补区域的因素:老化、失光、氧化等。一般在比色前先将修补区周围漆面抛光。

对比颜色工序在微调前非常重要,只有在比色过程中准确地发现配方板与车身颜色的差别,才可为微调提供依据。以图 4-81 两块试色板为例,其中目标板表示汽车车身的颜色,配方板表示配方查询的颜色。根据颜色的三个属性分别对比两块色板在色调、明度、彩度上的差异,金属漆还需考虑从正面、侧面观察三个属性及金属颗粒的变化,而素色漆通常不考虑正、侧面的变化。

图 4-81 试色板

试色板

在色调方面,通常可以用偏红、偏橙、偏黄、偏绿、偏蓝、偏紫来描述两个试色板之间的差异。通常一个颜色只偏向色环中相邻的两个色相,如红色——偏橙或偏紫;黄色——偏橙或偏绿。但对于像白色、黑色、银白等无彩色,在色调上可以偏向任何一个颜色,故在调色过程中这些颜色最难调。在明度上,通常可用更深、更浅、明度高、明度低来描述两块试色板之间的差异。而在彩度上,通常可用鲜艳、浑浊、干净、脏来描述两块试色板之间的差异。为方便微调,可以用一个表格来记录观察的结果,如表 4-1 所示为素色漆比色观察记录表;表 4-2 所示为金属漆比色观察记录表。

表 4-1 素色漆比色观察记录表

颜色编号	××××××××
观察:比较配方颜色与车身颜色 目标板比配方板: 色相:偏蓝(偏红、偏紫、偏绿、偏橙、偏黄) 明度:明度高(明度低) 彩度:浑浊(鲜艳)	素色漆调配的要点

色母代号	给予配方 0.1 L	试验配方 1	试验配方 2	试验配方 3	最终配方
色母 1					
色母 2					
色母 3					
色母 4					

表 4-2 金属漆比色观察记录表

颜色编号	××××××××
正面观察：比较配方颜色与车身颜色 目标板比配方板： 色相：偏蓝(偏红、偏紫、偏绿、偏橙、偏黄) 明度：明度高(明度低) 彩度：浑浊(鲜艳) 颗粒：颗粒大(颗粒小、相似)	 三道式珍珠漆调配
侧面观察：比较配方颜色与车身颜色 目标板比配方板： 色相：偏蓝(偏红、偏紫、偏绿、偏橙、偏黄) 明度：明度高(明度低) 彩度：浑浊(鲜艳) 颗粒：颗粒大(颗粒小、相似)	

色母代号	给予配方 0.1L	试验配方 1	试验配方 2	试验配方 3	最终配方
色母 1					
色母 2					
色母 3					
色母 4					

8) 颜色微调

在确定目标板、配色板两块试色板之间的差异后，便可进行微调。通常有两种微调的方法：减量法和加量法。

① 减量法：根据初始配方，减去配方中某些色母的质量进行颜色调整。

② 加量法：根据初始配方，向涂料中添加所需的色母进行颜色调整。

当配方板比目标板更深、更浑浊时，可采用减量法进行微调；反之，可采用加量法进行微调。

三、清漆的调配

① 选择一定量的清漆，并按产品使用手册添加一定比例的固化剂、稀释剂。稀释剂、固化剂的选择应根据被涂物面积、施工周围环境温度确定使用快干工艺、标准工艺或者慢干工艺，如表 4-3 所示。

② 使用涂料搅拌尺搅拌清漆、稀释剂和固化剂，使其充分混合。

表 4-3　清漆调配说明

	清漆施工工艺(以 AUTOCOLOR 2K 极品清漆 P190-6850 为例)		
	快干工艺	标准工艺	慢干工艺
固化剂	P210-842 中、小面积修补	P210-8430/844 各种类型修补	P210-845 慢干固化剂
	P190-6850　2 份 P210-842　　1 份 P850-2K　　0~5% 根据施工条件选择合适的稀释剂	P190-6850　　　2 份 P210-8430/844 1 份 P850-2K　　　　0~5% 根据施工条件选择合适的稀释剂	P190-6850　2 份 P210-845　　1 份 P850-2K　　0~5% 根据施工条件选择合适的稀释剂
	20℃时 20℃ DIN 4 杯 17~18 s (21~24 s BSB4) 混合后使用寿命：1.5 h	20℃时 20℃ DIN 4 杯 17~18 s (21~24 s BSB4) 混合后使用寿命：2~4 h	20℃时 20℃ DIN 4 杯 18~20 s (23~26 s BSB4) 混合后使用寿命：2~4 h
	喷嘴： 重力式：1.3~1.5 mm 虹吸式：1.4~1.6 mm 压力：3.5~4.0 bar	喷嘴： 重力式：1.3~1.5 mm 虹吸式：1.4~1.6 mm 压力：3.5~4.0 bar	喷嘴： 重力式：1.3~1.6 mm 虹吸式：1.4~1.8 mm 压力：3.5~4.0 bar
HVLP	喷嘴： 重力式：1.2~1.4 mm 虹吸式：1.4~1.6 mm 压送式：风帽最大 10 psi	喷嘴： 重力式：1.2~1.4 mm 虹吸式：1.4~1.6 mm 压送式：风帽最大 10 psi	喷嘴： 重力式：1.2~1.4 mm 虹吸式：1.4~1.6 mm 压送式：风帽最大 10 psi
	2 个单层	2 个单层	2 个单层
	涂层间闪干 5~10 min 烘烤前无须闪干	涂层间闪干 5~10 min 烘烤前无须闪干	涂层间闪干 5~10 min 烘烤前无须闪干
	金属温度 60℃ 烘烤： 20 min 可投入使用，完全冷却后	金属温度 60℃ 烘烤： 30 min 可投入使用，完全冷却后	金属温度 60℃ 烘烤： 40 min 可投入使用，完全冷却后

具体流程如下,如图4-82所示:

a) 查阅清漆产品使用说明(见图4-82),并确认合适的施工工艺。

b) 将调漆比例尺(2∶1)直立放入调漆杯中。

c) 将清漆主剂倒入,眼睛紧盯比例尺刻度到6的地方。

d) 倒入固化剂到调漆比例尺固化剂刻度6的地方。

e) 倒入稀释剂到比例尺刻度5%的地方。

f) 使用涂料搅拌尺搅拌清漆、稀释剂和固化剂,使其充分混合。

g) 清洁调漆尺以备下次使用。

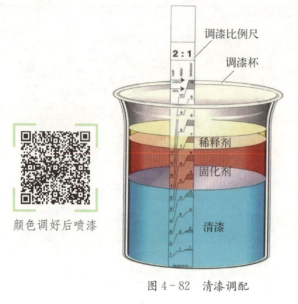

颜色调好后喷漆

图 4-82 清漆调配

四、面漆的喷涂

1. 底色漆喷涂

(1) 喷枪选择

进行底色漆喷涂作业前,建议选择 HVLP 环保省漆面漆喷枪,口径为 1.3 mm。

(2) 涂料过滤

将稀释后的水性底色漆通过滤纸过滤到面漆喷枪枪壶中。

面漆喷涂前处理操作

(3) 喷枪参数调节与试喷

喷枪装入涂料后,通过枪尾的快速连接头连接压缩空气,参照涂料厂商产品资料,通过调节出漆量调节旋钮、喷幅调节旋钮、气压调节旋钮设定喷枪的喷涂参数,设定好喷枪后,检查风帽是否在最合理的位置,并在试喷纸上进行喷幅测试,以确保喷枪的调整效果,如图4-83所示。

图 4-83 喷枪的调节

(4) 清洁

喷涂面漆前,需要对工件表面进行除油清洁。除油剂是多种有机溶剂的混合物,能够溶解工件表面的美容蜡、油脂等污染物,且挥发速度较慢。

对于溶剂型面漆(油性漆)来说,需要用溶剂型的除油剂进行除油清洁;对于水性面漆来说,则需要使用溶剂型除油剂和水性清洁剂两种材料来进行除油清洁,根据各品牌涂料厂商的建议确定除油剂和水性清洁剂的先后顺序。

利用除油剂进行工件表面的清洁步骤如下:

① 使用耐溶剂喷壶将除油剂、清洁剂均匀喷洒在工件表面上,在除油剂未自行挥发干燥前用清洁布将其擦干,如图 4-84 所示。

图 4-84 除油清洁

② 使用两块清洁布,一块清洁布用除油剂、清洁剂润湿后,将工件表面擦湿,使油脂溶解,然后用另一块清洁布将工件上的除油剂擦干,以此方法完成整个工件的除油处理。

③ 每次除油的面积与除油剂的挥发速度、环境温度有关,以擦干前除油剂没有自行挥发干燥为准。一旦擦湿面积过大,没有来得及擦干,除油剂自行挥发,被除油剂溶解的污染物就会重新回到工件表面。

(5) 喷涂

完成准备工作后,开始喷涂底色漆,通常喷涂三层,喷涂技巧如表 4-4 所示。

表 4-4 水性底色漆的喷涂技巧

喷涂方法		纯底色(除红/黄)		珍珠或银粉		
喷涂	层数	双层		双层		单层
	方式	半干	半湿	半干	半湿	雾喷
	强制闪干	—	吹干	—	吹干	吹干
喷枪调节	出漆量	打开 2 圈		打开 2 圈		打开 1 圈
	喷幅扇面	打开 1/4①		打开 1/4①		全部打开
	气压	1.3~1.5 bar		1.3~1.5 bar		1.1~1.2 bar

注:上述方法针对 SATA Jet 3000B HVLP WSB 喷枪,如针对 SATA Jet 4000B HVLP WSB 喷枪,喷幅扇面调节旋钮打开 3/4

第一层喷涂,根据不同颜色的遮盖效果,按 30%～70%的颜色遮盖进行喷涂,注意不能喷涂得太湿。合适的喷涂可缩短底色漆自然闪干时间(水性漆可用吹风筒强制吹干),同时可以降低涂料的消耗。

第二层,待第一层完全闪干后,方可喷涂第二层。均匀地喷涂一个湿涂层,达到对底材 100%的遮盖,起到颜色供给的作用。

第三层,待第二层完全闪干后,方可喷涂第三层,如图 4-85 所示。

面漆喷涂作业

图 4-85　面漆喷涂

2. 清漆喷涂

(1) 喷枪选择

进行清漆喷涂作业前,建议选择 HVLP 环保省漆面漆喷枪,口径为 1.3 mm。

(2) 喷枪参数调节与试喷

喷枪的调整对喷涂最终效果起着决定性的作用,建议在清漆喷涂时出漆量全开、喷幅全开、气压 2 bar,在设定好喷枪后,检查风帽是否在最合理的位置,并在试喷纸上进行喷幅测试,以确保喷枪的调整效果。

(3) 清漆喷涂

待底色漆完全闪干后,方可喷涂清漆,通常喷涂两层,如图 4-86 所示。

面漆喷涂与干燥

图 4-86　清漆喷涂

第一层，中湿喷，即喷涂湿度的 50%～70%，使漆面有一定的光泽，不可太湿，这样可减少闪干时间，提高施工效率。

第二层，待第一层清漆闪干 5～10 min 后，可用手指做指触测试（在遮蔽纸区域或不是装饰面做指触测试），待清漆不拉丝后方可喷涂第二层清漆，湿喷，即全湿度 100% 的喷涂，使漆面光亮、饱满。

（4）烘烤干燥

待第二层清漆闪干 5～10 min，开启汽车喷烤漆房的红外线烤灯进行板件烘烤，烘烤温度控制在 60℃，烘烤时间为 30 min。

项目五 喷枪的清洗与保养

空气喷枪是汽车涂装修补作业最为重要的工具之一，它可以将涂料均匀地喷涂在车身表面，从而使车身获得良好的防腐与美容装饰效果。喷枪的基本工作原理就是在一定压力的压缩空气从喷嘴的环形孔喷出时在喷嘴前形成负压，涂料在气压作用下，通过中心孔道被抽出，涂料与压缩空气相会后，分散成细小涂料颗粒，在车身表面上形成漆膜。

喷枪作为汽车涂装修补重要工具，为了延长使用寿命，在每次喷涂作业完成后应立即用溶剂彻底清洗，特别是在使用 2K 双组分涂料的场合，应该避免任何类型的涂料残留在枪壶及喷枪涂料管道里面而造成喷枪堵塞。

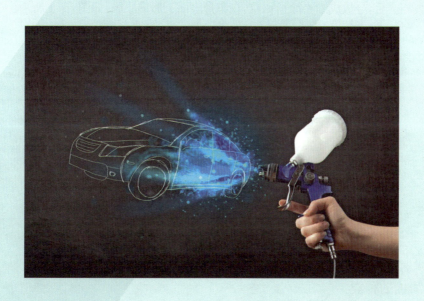

活动一　喷枪的介绍

活动目标

知识目标	以不同的方式列举出喷枪的种类
	说出汽车空气喷枪的基本组成结构
	说出汽车喷涂的三大要素
技能目标	能够独立完成喷枪的基本调整与测试

知识准备

空气喷枪是汽车涂装修补作业最为重要的工具之一，它可以将涂料均匀地喷涂在车身表面，从而使车身获得良好的防腐与美容装饰效果。喷枪的基本工作原理就是在一定压力的压缩空气从喷嘴的环形孔喷出时在喷嘴前形成负压，涂料在气压作用下，通过中心孔道被抽出，涂料与压缩空气相会后，分散成细小涂料颗粒，在车身表面上形成漆膜，如图5-1所示。

图5-1　空气喷涂

一、喷枪的种类

1. 依据不同的使用场所及作业环境、设备配置输送涂料的主要方式分类

空气喷枪依据不同的使用场所及作业环境、设备配置输送涂料的主要方式等分为重力式喷枪、虹吸式喷枪，以及压送式喷枪三种，如图5-2所示。

  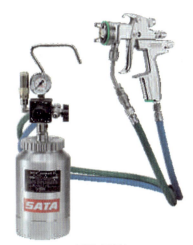

重力式喷枪　　　　　　虹吸式喷枪　　　　　　压送式喷枪

图 5-2　空气喷枪的种类(一)

重力式喷枪的涂料罐位于喷枪的上部,涂料靠自身的重力与涂料喷嘴前端形成的负压作用从涂料喷嘴喷出,并与空气混合雾化。但重力式喷枪局限于小工作量喷涂,不适合长时间连续的喷涂作业。

虹吸式喷枪的涂料杯位于喷枪嘴的后下方,喷涂时利用高气流作用令喷枪产生局部真空,因而产生吸力将涂料从壶中吸引到喷嘴处加以雾化喷出。

压送式喷枪涂料供给依靠独立的压力系统,在喷枪上不设置涂料罐,依靠输送软管与一个压力储料罐连接,压缩空气作用于储液罐中,推动储液罐中的涂料进入喷嘴。

2. 依据不同的用途分类

根据涂料作用的差异,空气喷枪分为底漆喷枪与面漆喷枪两种,如图 5-3 所示,其中面漆是作为中涂底漆以上涂层的总称,包括素色漆、金属漆、珍珠漆、清漆等;底漆是指中涂底漆。

底漆喷枪是专门用于中涂涂层喷涂的喷枪,喷嘴口径为 1.4~2.0 mm,喷嘴口径在 1.4 mm 的底漆喷枪一般用于自流平免磨底漆,口径在 1.6 mm 及以上的底漆喷枪用于常规底漆喷涂。底漆喷涂的目的是为了填充待涂物件表面的砂痕或沙眼,为喷涂面漆打基础,以免面漆漆膜上产生瑕疵。底漆喷枪的主要要求是填充性好,而填充性主要依靠湿润程度来完成,否则就会给底漆的喷涂带来较差的效果,甚至给底漆涂层的打磨工序带来费工时费料的后果。

面漆喷枪主要用于色漆、清漆涂层的喷涂,喷嘴口径为 1.2~1.4 mm。面漆喷涂主要起到着色和装饰作用,着色与装饰这个环

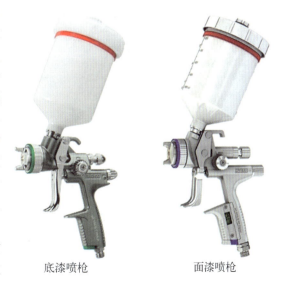

底漆喷枪　　　　　　面漆喷枪

图 5-3　空气喷枪的种类(二)

节非常重要,必须使面漆的颜色喷涂均匀,并且要求流平性好,所以面漆喷枪强调雾化均匀的效果,如图5-4所示为面漆喷枪和底漆喷枪的喷幅比较。

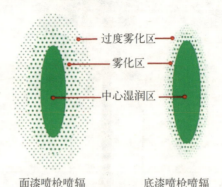

图 5-4　面漆喷枪和底漆喷枪的喷幅比较

低流量高压力喷枪

3. 依据喷枪的喷涂气压和涂料传递效率分类

根据喷枪喷涂涂料的气压与涂料传递效率的差异,喷枪分为传统高气压喷枪、低流量中气压喷枪(RP喷枪)与环保型高流量低气压喷枪(HVLP喷枪)三种,如图5-5所示,伴随着我国VOCs环保法规与提高涂料传递效率的要求,传统高气压喷枪在汽车漆面修补作业中慢慢不被使用,更多的是使用低流量中气压喷枪(RP喷枪)与环保型高流量低气压喷枪(HVLP喷枪)。

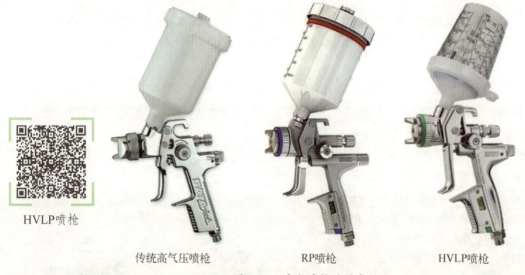

HVLP喷枪

图 5-5　空气喷枪的种类(三)

传统高压喷枪主要是靠压缩空气的高气压完成涂料雾化的,其喷涂气压为3.0~4.0 bar,耗气量为350 L/min。因此,传统喷枪的风帽雾化压力必须要够高才能有足够的能量把涂料雾化好,可是高的雾化压力会令雾化后的涂料会产生一个较大的流速,当涂料流速过快地喷射在工件表面时,就会产生一定的反弹形成过喷,大大降低了涂料的传递效率,其传递效率一般仅为35%~40%左右,除了产生不必要的VOCs排放污染外亦浪费涂料。

环保型高流量低气压喷枪(HVLP喷枪)即使用大量空气,在低气压下将涂料雾化成低速的小液滴,HVLP 喷枪在喷涂时耗气量为 350~450 L/min,风帽压力不高于 70 kPa,枪尾进气压力为 2 bar(200 kPa),远小于传统高压喷枪雾化气压。同时 HVLP 喷枪在喷涂过程中车身表面实际获得的涂料量占涂料总消耗量的比例高,即涂料的传递效率高,可达 70%。

低流量中气压喷枪结合了传统高压喷枪工作速度快与 HVLP 喷枪涂料的利用率高的优点,其耗气量约为 290 L/min,风帽压力在 1.2~1.3 bar 之间,枪尾进气压力 2.5 bar,涂料传递效率可在 65% 以上。

二、喷枪的组成

喷枪基本结构主要是由枪身和喷枪嘴组成,如图 5-6 所示,枪身集成了空气压力调节旋钮、压缩空气进气阀、扳机、出漆量调节旋钮、喷幅调节旋钮、涂料进入口等部件,喷枪嘴由风帽(喷帽)、喷嘴、枪针(俗称"喷枪的三件套")组成。

底漆喷枪的
结构部件

图 5-6 喷枪的组成
1—喷壶接口 2—涂料流量调节旋钮 3—喷幅扇面调节旋钮 4—喷涂气压调节旋钮 5—压缩空气进气阀 6—枪体内置数字气压显示 7—扳机 8—枪针密封圈 9—气流分配环 10—喷嘴 11—枪针 12—风帽

在喷枪开始喷涂作业时,压缩空气通过连接压缩空气软管,经由压缩空气进气阀、空气压力调节旋钮、喷幅调节旋钮调节后,再由风帽喷出,如图 5-7 所示。液体涂料装存在喷漆枪的油壶内,经由涂料进入口、针阀后,再由喷嘴喷出,如图 5-8 所示。

1. 风帽

喷枪风帽能够利用压缩空气将涂料雾化并将其形成一定的喷幅,风帽上的喷孔有三种,即中心孔、喷幅调节孔和辅助孔,如图 5-9 所示,其中中心孔用来在喷嘴处产生真空以喷出涂料;喷幅调节孔利用压缩空气的压力大小来调节喷幅;辅助孔用来使涂料雾化更精细并且保持空气帽的清洁,辅助孔的喷出空气量的多少与涂料雾化有着直接的关系,如图 5-10 所示。此外,还可以通过旋转风帽到不同的角度来改变喷幅的方向。

喷枪构造

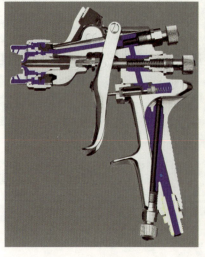

图5-7 压缩空气通道

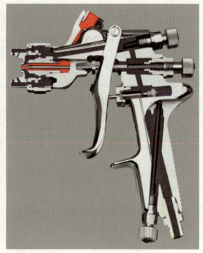

图5-8 漆料通道

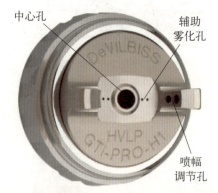

图5-9 风帽

图5-10 辅助雾化孔数量与涂料雾化效果

2. 喷嘴

喷枪喷嘴用于控制涂料的通断，且作为枪针的内座，同时与风帽一起完成对喷枪雾化喷幅的控制。喷嘴在结构上有两处孔位，中间孔位是用于传送涂料，也就是喷嘴的口径，用mm来表示，不同口径的喷嘴拥有不同的涂料吐出量；周围孔位用来传送压缩气体，如图5-11所示。

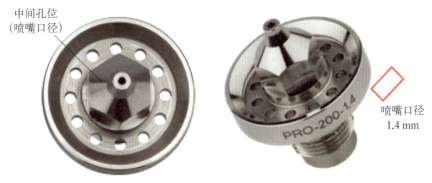

图 5-11 喷嘴

3. 枪针

枪针位于喷枪的中心,与扳机同步前后移动,用于控制涂料的流量,并把喷枪中的涂料导向气流,如图 5-12 所示。喷枪的喷嘴内有枪针的内座,枪针顶到内座时可以切断漆流,从喷枪喷出的实际漆量由枪针顶到内座时喷嘴开口大小决定,操作时可以通过出漆量调节旋钮改变枪针与喷嘴内座的距离。

图 5-12 枪针

4. 空气导流环

空气导流环位于喷枪的前端,用于分配空气至风帽并且也保障喷涂图案均匀而平稳,它是由硬度非常高的阳极氧化铝制造的,可以单独拆下清洗和更换,如图 5-13 所示。

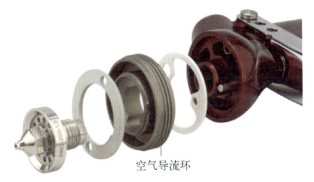

空气导流环

图 5-13 空气导流环

三、喷枪的调整

操作调整喷枪前,必须穿好安全防护装备,并严格遵守安全操作规范。

1. 喷枪的启用流程

(1) 连接压缩空气气源

使用喷漆专用供气软管连接三节油水分离器的压缩空气出口以及喷枪的压缩空气进口,对于不内置空气压力数字显示屏的空气喷枪,为了更好地调整气压,建议安装气压调节表,如图 5-14 所示。

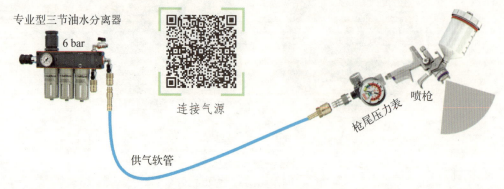

图 5-14 连接压缩空气气源

(2) 装入涂料

按照涂料制造商的说明混合涂料,调配完成后打开壶盖,将一过滤网杯放置于喷枪喷壶上,将准备好的涂料倒入喷壶中,涂料深度不要超过 11 cm,如图 5-15 所示,然后盖上壶盖。

喷枪的调整技巧

图 5-15 装入涂料

(3) 初始调整

在初始调整之前,必须了解喷枪各个调节旋钮的具体功用,如图 5-16 所示为喷枪各个调节旋钮的位置及功用,每个喷枪厂商生产的喷枪调节旋钮位置不一,具体参考原厂说明。

通过调节出漆量调节旋钮与喷幅调节旋钮将涂料流量和喷幅调至最大状态,再根据喷枪的型号调节适合的喷涂气压(2.0 bar),最后逆时针旋转出漆量调节旋钮,直到第一圈螺纹露出。

(4) 测试喷涂形状

保持一定的喷涂距离在喷幅测试纸上试喷喷幅,如图 5-17 所示,确定该图案的尺寸和形状是否标准。如发现喷幅有任何畸形问题都应及时纠正。

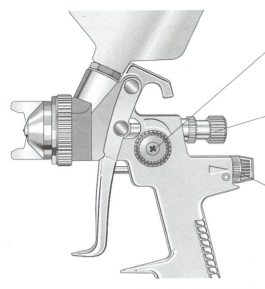

喷幅扇面调节旋钮
① 逆时针旋转喷幅扇面调节旋钮可增大喷幅。
② 顺时针旋转喷幅扇面调节旋钮可减小喷幅。

涂料流量（出漆量）调节旋钮
① 通过逆时针旋转涂料调节旋钮，可以增大枪针行程，从而增大涂料流量。
② 通过顺时针旋转涂料调节旋钮，可以减小枪针行程，从而减小涂料流量。

喷涂气压调节旋钮
① 如果进气压力过大，可通过顺时针旋转空气压力调节旋钮，将喷枪的进气气压降低到厂家指定的标准值。
② 如果进气压力过小，可通过逆时针旋转空气压力调节旋钮，将喷枪的进气气压增加到厂家指定的标准值。

图 5-16　喷枪各个调节旋钮的位置及功用

图 5-17　喷涂形状测试

测试喷涂形状

（5）测试漆面湿度

保持一定的喷涂距离在喷幅测试纸上试喷一幅图案，如图 5-18 所示，然后仔细观察漆面的湿润程度，如果漆面太干，则降低进气压力，以减少空气流量；如果漆面太湿，则顺时针旋转涂料调节阀，以减少涂料流量。

（6）测试涂料流量

喷涂作业前将喷枪风帽旋转 90°，距离试喷纸大约 15～25 cm 横向水平喷涂图案有垂流现象后立即停止，如图 5-19 所示，观察垂流图案的形状，如有问题需进行相应的喷枪调整。

测试漆面湿度

图 5-18
漆面湿度测试

2. 喷枪的调整技巧

（1）喷涂气压的调整

喷涂气压调节旋钮是用于调节从空气压缩机供给空气压力的螺钉，为了能够准确地调整喷

  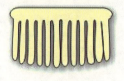 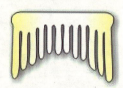

测试涂料流量　　　　涂料流量不足　　　　涂料流量适合　　　　涂料流量过大

图 5-19　涂料流量测试

涂气压,应在喷枪尾端连接压力表或者使用枪体内置数字气压显示的喷枪,如图 5-20 所示。如加装了气压表,一般是将喷枪枪体上的气压调节旋钮全开,然后通过调节压力表上旋钮控制喷涂气压。

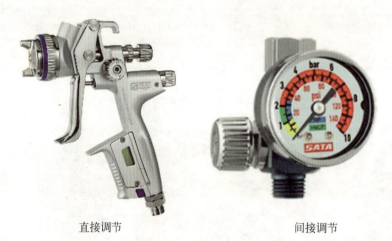

直接调节　　　　　　　　　间接调节

图 5-20　喷涂气压调整方式

(2) 喷幅扇面的调整

通过调节喷幅扇面调节旋钮可以调节喷涂扇面直径的大小。调节喷雾形状时,将喷幅扇面调节旋钮旋紧到最小,可使喷雾的直径变小,喷涂到板件上的形状变圆;而将喷幅扇面调节阀完全打开,可使喷雾形状变成宽的椭圆形。较窄的喷雾可用于局部修理,而较宽的喷雾则用于整车喷涂,如图 5-21 所示的是喷幅扇面调节旋钮从旋紧到最小到完全打开时,喷涂扇面形状的变化。

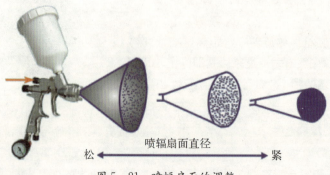

松　←　喷辐扇面直径　→　紧

图 5-21　喷幅扇面的调整

(3)出漆量的调整

调节出漆量调节旋钮可调节适应不同喷雾形状所需的涂料流量,如图5-22所示。逆时针转动出漆量调节旋钮可增大出漆量,而顺时针转动将减小出漆量。

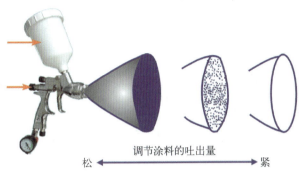

松 ←——— 调节涂料的吐出量 ———→ 紧

图5-22 出漆量的调整

四、喷涂的运枪方法

喷涂过程中,在喷枪调整完毕的情况下,作业人员还必须掌握喷枪的握持方法、站位、喷涂距离、喷涂角度、喷涂速度、喷辐重叠等基本技术要领。

1. 握枪

喷枪是靠手掌、拇指、小指,以及无名指握住的,中指和食指用以扣动扳机。有些喷漆工在较长时间工作时,时不时改换握枪的方式,有时仅仅用拇指,手掌配合小指,有时又是配合无名指握枪,中指和食指用来扣扳机,如图5-23所示,可以缓解疲劳,提高劳动效率。

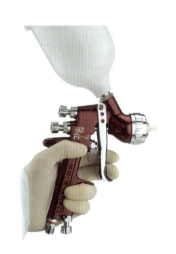

图5-23 握枪

2. 控制喷枪四要素

(1)喷枪的移动速度(匀速)

喷枪的移动速度与涂料干燥速度、环境温度,以及涂料的黏度有关,一般应保持30~50 cm/s的速度进行匀速移动,如图5-24所示,如果走枪过快,将会使漆面太干,表面粗糙和桔皮;走枪过慢则容易产生流挂,喷涂金属漆时容易引起聚银和起云。

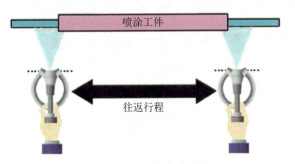

图5-24 匀速移动喷枪

保持一定的走枪速度

(2) 保持固定的喷涂距离

为确保漆面的均匀度,在喷涂过程中,喷枪与被喷工件间应始终保持一致的距离。要做到这一点,就必须在整个走枪的过程中始终保持喷枪与被喷涂平面呈直角,并确保手臂沿着被喷工件的表面做平行运动,绝对不能以手腕或手肘作轴心做弧形的摆动。

图 5-25 保持固定的喷涂距离

① 喷涂的距离因喷枪种类、涂料不同而有不同,一般大约 10~25 cm(手掌张开拇指到小指之间的距离),如图 5-25 所示。如果距离太近,则可能产生流挂现象,在喷涂金属漆或珍珠漆时甚至可能造成颜色与预期不一致的现象;距离太远则可能导致干喷、过喷,使涂料流平性变差。

② 喷枪与工件的距离始终保持相同,当工件角度改变时喷枪亦须跟随调整,如图 5-26 所示。

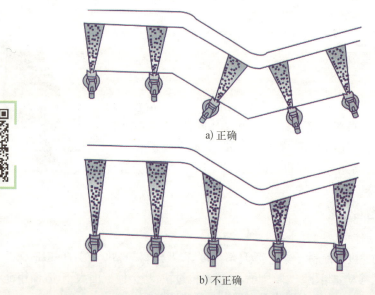

a) 正确

b) 不正确

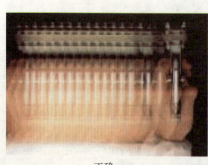

喷涂距离

正确　　　　　　　不正确

图 5-26 保持固定的喷涂距离

（3）喷涂角度

喷枪对车身表面角度始终保持垂直，不允许倾斜，当被涂物的形状角度发生变化时，喷枪的角度也要随之调整，如图5-27所示，如果喷枪出现倾斜，喷涂在车身表面上的涂料就会产生膜厚不均匀的状态，在金属漆和珍珠漆喷涂时极可能产生色差。

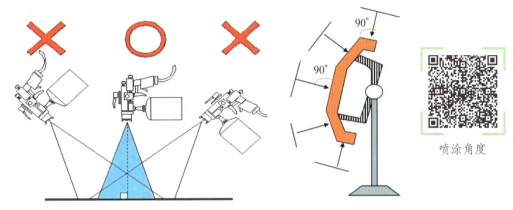

图5-27　保持与喷涂面成90°进行喷涂

（4）确保一定的喷幅重叠

喷枪从工件最外边、最上端喷涂运行，第二道的喷涂在第一道的下端1/2处均匀重叠，如图5-28所示，走枪速度快的也可以重叠2/3，这样做的目的是确保喷涂后的漆面不会产生间隙。

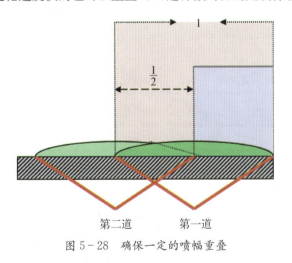

图5-28　确保一定的喷幅重叠

喷涂覆盖率

活动二 喷枪的清洗与保养

知识目标	列举出喷漆手工清洗配备的工具设备
	列举出喷漆机器清洗配备的工具设备
技能目标	独立完成喷枪手工清洗
	独立完成喷枪机器清洗

知识准备

喷枪在喷涂作业完成后应立即用溶剂彻底清洗，特别是在使用 2K 双组分涂料的场合，应该避免任何类型的涂料残留在喷壶及喷枪涂料管道里面而造成喷枪堵塞。

喷枪清洗的方式主要分为手工清洗以及采用机器清洗。

手工清洗的工具及辅料

一、喷枪的手工清洗

1. 喷枪的手工清洗作业前准备

喷枪手工清洗工具设备如下：

清洁盘

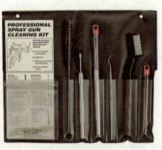
喷枪清洗工具

吹尘枪

安全防护用品　　　　　　　　无纺擦拭纸

2. 喷枪的手工清洗流程

（1）作业安全防护

正确穿戴安全防护用品，包括喷漆防护服、防毒口罩、护目镜、耐溶剂手套等。

（2）喷枪拆解

旋下涂料流量调节旋钮，取出枪针，再将喷枪的风帽头逆时针方向转动，卸下喷帽，最后用专用扳手取下喷枪的喷嘴，如图 5-29 所示，小心注意别因打滑损伤喷嘴。

图 5-29　喷枪的拆解

（3）喷枪的清洗和吹干

使用毛刷配合干净有机溶剂先清洗喷枪的涂料通道，再清洗喷枪的枪身，最后使用吹尘枪连接压缩空气吹干喷枪的内部及外部，如图 5-30 所示。

 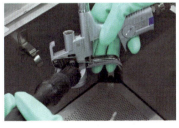 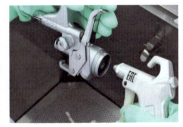

图 5-30　喷枪的清洗与吹干

注意手工清洗喷枪时，不能使用钢丝毛刷，这样会对喷枪造成一定的磨损伤害，另外需要确保喷枪空气通道里面没有任何的清洁剂残留，建议在进行手工清洗作业时，喷枪连接压缩空气软管,并且把空气流量调节到最小的状态。

(4) 清洁喷嘴套装(喷嘴、喷帽、枪针)

① 先用大毛刷清洗风帽内外表面,再用双头小白刷清洗风帽中心雾化孔和扇面控制孔,最后用专用清洗针清洗辅助雾化孔和扇面控制孔,如图5-31所示。

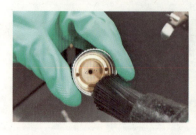  

图5-31 清洁风帽

② 先用大毛刷清洗喷嘴表面,再用小毛刷清洗喷嘴涂料通道,最后使用用双头小白刷清洗喷嘴上的通气孔,如图5-32所示。

 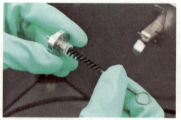 

图5-32 清洁喷嘴

③ 使用大毛刷清洗枪针,如图5-33所示。

喷枪手工
清洗流程

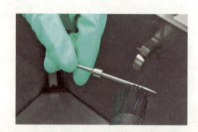

图5-33 清洁枪针

(5) 喷枪的组装与润滑

① 装上喷嘴并用专用扳手旋紧,如图5-34中的①~②所示。

② 装上喷帽,如图5-34中的③所示。

③ 在枪针接触密封圈的位置涂抹少量的专用润滑油,可以提高喷枪配件的使用寿命并且使喷枪操作更加顺畅,如图5-34中的④所示。

④ 装上枪针,如图5-34中的⑤所示。

⑤ 在枪针弹簧上涂抹少量的专用润滑油,这样可以提高喷枪配件的使用寿命并且使喷枪操作更加顺畅,如图5-34中的⑥所示。

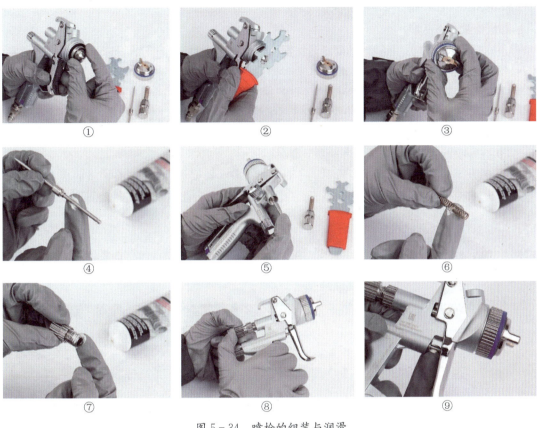

图 5-34 喷枪的组装与润滑

⑥ 在涂料的调节旋钮的螺纹上涂抹少量的专用润滑油，再在正确的位置上装上涂料的调节旋钮，如图 5-34 中的⑦～⑧所示。

⑦ 在扳机顶杆的可见部分涂抹少量的专用润滑油，如图 5-34 中的⑨所示。

二、喷枪的机器清洗

1. 喷枪的机器清洗作业前准备

喷枪机器清洗工具设备如下：

喷枪清洗机　　溶剂回收机　　　　絮凝剂　　　　　吹尘枪　　无纺擦拭纸

2. 喷枪的机器清洗作业流程

（1）作业安全防护

正确穿戴安全防护用品，包括喷漆防护服、防毒口罩、护目镜、耐溶剂手套等。

（2）预清洗与放置喷枪

① 连接压缩空气气源，打开喷枪清洗机的主开关。

② 打开喷枪清洗机盖子，从支架上取下手动清洗毛刷，然后对准喷枪的枪身，通过脚踏清洁刷控制阀，刷洗整支喷枪的外表面。

③ 打开喷枪喷壶盖，将剩余涂料倒于废涂料桶中。

④ 把去掉防滴漏塞的喷壶壶盖固定在清洗槽支盖金属架上或者放置在清洗底板上。

⑤ 从喷枪枪体上旋转取下喷枪喷壶，并把喷枪喷壶固定在清洗槽支盖金属架上或者放置在清洗底板上。

⑥ 把喷枪枪体倒置，喷壶接口插入清洗溶剂喷射管。将喷涂气压调节旋钮、喷幅扇面调节旋钮和出漆量调节旋钮都调至最大状态，用扳机锁簧扣扣开喷枪扳机，使喷枪喷嘴处于打开状态，如图5-35所示。

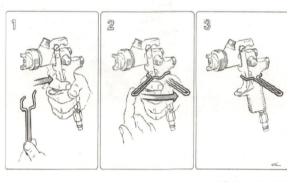 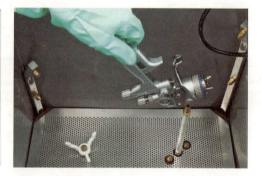

图5-35　放置喷枪

⑦ 将喷枪清洗机内部通气的塑料管插入喷枪进气口，保证喷枪清洗时压缩空气的流通，避免清洗溶剂进入空气通道，如图5-36所示。

机器清洗

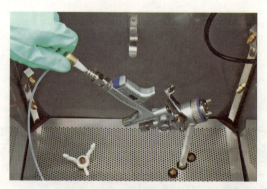

图5-36　将塑料管插入喷枪进气口

（3）喷枪清洗作业

① 关掉喷枪清洗机机盖，首先打开自动清洗旋钮（循环清洗旋钮），清洗喷枪的外表和涂料

通道。自动清洗旋钮可以定时3 min以内的清洗,利用喷枪清洗机内的小型双隔膜泵输送并喷射清洗剂。

② 喷枪自动清洗程序完成后,接着打开吹风按钮5 s,对喷枪进行吹干,每次清洗喷枪后都需要吹干。

③ 最后按动冲洗按钮5 s,利用干净的清洗溶剂冲洗喷枪,并再次吹干喷枪。

④ 30 s后取出喷枪,立即彻底吹干,必要时擦拭干净。确保完全清除风帽和喷嘴上的残余涂料。

注意:喷枪清洗机虽然非常便捷,但当每天的喷涂工作完成之后,还是需要将喷嘴套装拆开手工清洗,以便为第二天喷涂做好准备。

三、喷枪的维护与保养

1. 喷枪的日常维护

① 为防止喷嘴或枪针损坏,在安装或卸下喷嘴时扣紧扳机,或卸下出漆量调节钮以解除弹簧对针轴的压力。

② 用湿布擦拭喷枪外表,切勿将喷枪完全浸入任何溶剂或清洗液中,因为这会损坏喷枪的密封垫圈,从而造成漏气、漏漆的不良现象。

③ 清洁涂料通道时,应将杯中多余的涂料倒出,然后用喷枪清洗溶液进行清洗。

④ 涂料杯不能使用干布或纸清洁和擦拭。擦拭杯身可能产生静电,如果向某一接地的物体放电,可能产生易燃的火花,导致溶剂蒸气燃烧。

⑤ 正确选用pH值为6~8的清洁液对喷枪进行清洗,过高或者过低的酸碱度的清洁液都会腐蚀喷枪的电镀层,从而使其剥落。

⑥ 在喷枪使用时,注意不要让喷枪碰撞被涂物或掉落在地上,不然会造成喷枪永久性损伤。

⑦ 喷枪不要随意进行拆卸,必须拆卸时应注意各矩形部位不应粘有垃圾和涂料,喷嘴和枪针绝对不应有任何损伤,组装后调节到初始的样子,扣动扳机测试空气和涂料的喷出效果。

⑧ 喷枪在使用完毕后应及时清洗,否则涂料通道会被堵塞(尤其是2K的涂料),以后将很难清洗,甚至无法再使用。

2. 喷枪的润滑

喷枪枪体上有多个运动元件,需要使用专用的喷枪润滑油定期进行润滑,如图5-37所示为喷枪需润滑部位。

润滑点：扳机转轴螺纹
在两面的螺纹上均滴一滴润滑油，然后扣动扳机将润滑油送入转轴。

润滑点：枪针调整螺纹
在螺纹上滴一滴润滑油以帮助转动。

润滑点：枪针密封堵头
在针管上滴一滴润滑油，然后反复扣动扳机以将润滑油送入密封堵头。

润滑点：主空气阀门
在阀门轴上滴一滴润滑油，然后反复扣动扳机以将润滑油送入阀门密封圈。

喷枪的日常保养知识

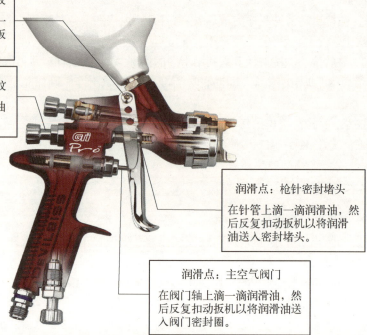

图 5-37　喷枪需润滑部位

项目六　漆面抛光工艺

汽车车身修补涂装与汽车 OEM 车身涂装一样,在面漆涂层的喷涂干燥后,进行最后的检查修饰。它包括去除遮盖用的遮蔽纸/膜、表面的抛光和漆面轻微瑕疵处理,进行这些工序的前提是对涂装质量检查,验收基本合格,如存在通过抛光和小修补无法消除的涂装缺陷,即为不合格品,需返回重新涂装。

活动一　漆面缺陷评估

知识目标	列举出汽车漆面缺陷的类型
	说出各种漆面缺陷的产生原因与处理方式
技能目标	通过对漆面瑕疵的了解,可以正确调节汽车喷漆技巧,同时能够独立完成对漆面瑕疵的评估操作

　　汽车车身修补涂装与汽车OEM车身涂装一样,在面漆涂层的喷涂干燥后,进行最后的检查修饰。它包括去除遮盖用的遮蔽纸/膜、表面的抛光和漆面轻微瑕疵处理,进行这些工序的前提是对涂装质量检查,验收基本合格,如存在通过抛光和小修补无法消除的涂装缺陷,即为不合格品,需返回重新涂装。

一、涂料的不良状况

涂料的不良状况有胶化、沉积、表面硬化、上层稀释等现象,如图6-1所示。

涂料的不良状况

图6-1　涂料不良的状况

1. 成因
- 胶化——涂料失去流动性而呈现胶状或黏度过高现象。
- 沉积——涂料中的色母沉淀到溶剂的底部。
- 表面硬化——涂料表面因与空气中的氧气发生化学作用而硬化产生漆膜。
- 上层稀释——涂料中的树脂在存放过程中与色母分离。

2. 对策
- 将涂料容器完全盖紧并存放在阴凉场所。
- 涂料长时间存放时应该随时将容器上下翻转。
- 已经稀释过的涂料不可倒回到原容器中。

3. 处理方式
- 胶化现象——丢弃不用。
- 沉积现象——已硬化的涂料必须丢弃,若涂料呈软化状态,即可在使用前用力搅拌,使涂料中的各种成分均匀混合。
- 表面硬化现象——硬化层太厚的涂料必须丢弃,若涂料表面硬化层不太厚,则可用力搅拌后妥善过滤。
- 上层稀释现象——可在使用前用力搅拌。

二、色差

色差就是完成漆面修复的板面与周围板面出现颜色的差异,如图 6-2 所示。

色差

图 6-2 色差

1. 成因
- 实车喷涂条件与试片喷涂条件不同(喷枪的移动速度、稀释剂的用量等)。
- 试喷片涂料未完全干燥即进行色彩比对。
- 未在不同光源下进行色彩比对。

2. 对策
- 待修板件实际喷涂时应使用与试喷片喷涂时相同的条件。
- 试喷片应该完全干燥后再进行色彩比对,如图 6-3 所示。
- 在不同的光源下进行色彩比对。

图6-3 色彩对比

3. 处理方式

- 先将试喷片与待修板件及周围板件进行色彩比对,若板件色彩与试喷片不同,即应该重新调漆。试喷片应该完全干燥,并在不同光源下进行色彩比对。
- 待修板件必须完全干燥。
- 在尚未完全干燥的漆膜上继续喷漆可能造成收缩的瑕疵现象。

三、异物——尘点

空气中的粉尘在喷涂时或喷涂完成的涂料表层尚未干燥时附着到漆面上,而侵入漆膜之内,如图6-4所示。

灰尘

图6-4 尘点

1. 成因

- 涂料未完全搅拌。
- 喷枪未妥善清理。
- 涂料未妥善过滤
- 车身板面未在喷涂前以压缩空气吹净,将研磨碎屑等异物去除。

2. 对策

- 汽车车身修补涂装工作区域应随时保持干净整洁,车辆进入喷涂区域前应该先进行清洗,去除表面的尘土。
- 涂料在使用前须充分搅拌均匀,即在使用前打开涂料搅拌架电动机开关持续搅拌 15～20 min。
- 喷涂在使用完成后应该马上清理。
- 使用正确的滤网将涂料过滤,溶剂型涂料建议采用 80 目的涂料滤网,水性漆建议采用 120 目的涂料滤网。

3. 处理方式

- 喷涂时应仔细清除表面的尘土。
- 异物不严重时可利用 P1500 或 P2000 细砂纸配合双动作打磨机将表面整平后再进行打蜡抛光。
- 异物严重时则需要打磨掉修补漆再重新上漆。

四、桔皮

桔皮现象就是涂料表面纹理不佳,形成类似于桔皮的表面纹理,如图 6-5 所示。

图 6-5 桔皮

1. 成因

- 环境或表面温度太高。
- 稀释剂挥发速率太快。
- 喷涂操作或设定错误,喷枪移动速度或与表面的距离不当。

2. 对策

- 依喷涂条件选用正确的稀释剂。
- 喷涂前正确调整喷枪并检查其设定状况。

3. 处理方式

- 轻微的桔皮现象可以先使用 P1500 或 P2000 细砂纸配合双动作打磨机将表面整平后再

进行打蜡抛光。
- 严重的桔皮现象则须研磨出现瑕疵的漆面至平坦状态再进行修整。

五、流痕或垂流

汽车漆面喷涂完成后，车身垂直板面上出现的类似大小水珠状、水滴状或水幕状的流痕，即漆膜不均匀，部分出现不规则的厚度，如图6-6所示。

流痕或垂流

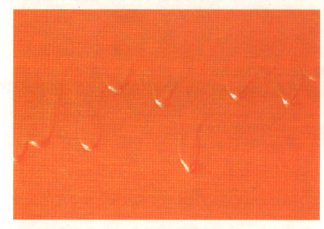

图6-6 流痕或垂流

1. 成因
- 稀释剂过量、喷涂过厚、底层未干燥即进行喷涂。
- 每道喷涂之间的时间间隔不足。
- 喷涂设定不当或喷涂技巧不良。
- 喷涂间温度过低。

2. 对策
- 应该在适当的温度下进行喷涂（20～30℃）。
- 喷涂前应该妥善调整喷枪，并检查设定是否正确，喷枪以稳定的速度进行移动。

3. 处理方式
- 流痕现象如已出现，则需要研磨出现瑕疵的漆面至平坦状态再进行修整，也可以尝试使用P1500或P2000细砂纸配合双动作打磨机将表面整平后再进行打蜡抛光。

六、表面雾化

漆面出现牛奶般的白雾，使漆面失去光泽，如图6-7所示。

1. 成因
- 在湿热天候下使用挥发过快的稀释剂。
- 喷枪空气压力过高。
- 工作区域的温度过低。

表面雾化

图 6-7 表面雾化

2. 对策
- 使用品质良好的稀释剂,或依说明书在现有的稀释剂中加入缓凝剂。
- 降低喷枪的空气压力。
- 将喷漆表面加热。

3. 处理方式
- 轻微的表面雾化瑕疵可直接重新喷涂,但须在稀释剂中加入缓凝剂。
- 严重的表面雾化瑕疵则须待漆膜硬化后加以研磨并重新喷涂。

七、针孔

底材(旧漆面)上的溶剂泡没有正确清除而导致新漆面上产生的小针孔或缩孔,如图 6-8 所示。

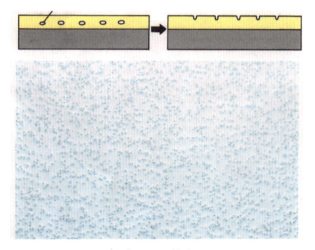

针孔

图 6-8 针孔

1. 成因
- 涂料一次性喷涂过多。

- 涂料黏度过高。
- 漆面喷涂后太早进行加热烘烤。
- 喷枪空气压力过低。

2. 对策

- 不可喷涂过厚,且每道喷涂之间应留有充分的时间间隔。
- 使用适当的稀释剂将涂料正确稀释。
- 喷涂完成后应让漆膜充分硬化后再进行强制干燥。
- 务必使用规定的喷枪空气压力。

3. 处理方式

- 轻微的针孔可使用 P1500 或 P2000 细砂纸配合双动作打磨机将表面整平后再进行打蜡抛光,或在研磨后重新喷漆。
- 若整个漆面上布满针孔,或是针孔太深,则须将涂层磨除后重新喷涂。

八、起泡(水泡)

在潮湿天气下,漆膜会吸收少量水汽,然后在干燥条件下这些水汽会蒸发出来(渗出漆膜)。这种情况很正常,并不会损伤结构良好的涂料涂层。但如果底漆处理不佳,就会留下吸湿/水溶性物质(盐类)污染物。这些盐水溶液会在局部区域富集,将漆膜顶出水泡。产生水泡的大小、形态和频率各异,可能在漆层之间或是整个漆膜下形成。在干燥天气下,多数水泡会暂时褪去,如图 6-9 所示。

图 6-9 起泡(水泡)

1. 成因

- 待喷涂表面(原子灰、裸金属等)未经彻底清洁。来自脏的湿磨用水或手汗等残留盐分的污染物留在涂层下的表面或涂层之间的表面上。可通过水泡形态判断成因(成行的水珠状=擦抹痕迹,印迹=指印或掌印)。
- 空压机的水分太多,或是供气系统中油水分离器失效,造成喷涂中水分通过气管及喷枪出现在涂料内。
- 喷涂的底材表面粗糙或是有砂洞,使空气能藏于空隙中,当喷涂完成后,漆膜下的空气受温度影响产生膨胀,漆面出现气泡。
- 环境温度过高,涂膜表面干燥过快。
- 打磨原子灰时采用水磨方式,磨好后没有烘烤干燥内部的水汽。
- 等待喷涂的表面被触摸残留手汗盐分。

2. 对策

- 空压机应放在较干燥的地方,并经常排放油水分离器内的水分和油污。

- 底层漆面应处理平整,填平一切孔洞。
- 喷涂环境温度高于35℃应使用慢干稀释剂或固化剂。
- 水磨部位要用烤灯彻底烘干水分。
- 等待喷涂的表面要使用除油剂擦拭干净,并禁止再被触摸。

3. 处理方式

- 如果漆面出现起泡状况,须使用双作用打磨机打磨去除漆面起泡(砂洞)后重新填补凹坑孔洞,再重新喷涂中涂底漆及面漆。

九、水渍

水渍通常表现为漆面上发亮发白的圆形斑点,这是含矿物盐的水溶液干燥后形成的。斑点内部区域无损伤,外部边缘则往往会轻微鼓起,如图 6-10 所示。

1. 成因

- 涂料涂层完成喷涂后,未彻底干燥便接触水分(如雨水、露水等)。水在涂膜表面经蒸发后留下水点痕迹,一般出现在涂料涂膜的水平面位置。

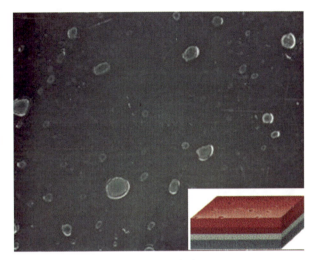

图 6-10 水渍

- 涂料喷涂过厚导致干燥不充分。
- 选用不合适的固化剂类型或用量不正确。

2. 对策

- 确保新喷涂涂料都使用正确的固化剂、正确混合比例,并且涂层数量(膜厚)正确,避免过度喷涂。
- 涂料喷涂后进行强制干燥,加速漆层干燥(8 h 后漆面才能碰水)。
- 如采取自然干燥需再 24 h 后才能碰水。

3. 处理方式

- 轻微情况可使用 P2000 砂纸打磨后抛光打蜡。
- 情况严重时,经打磨后重新喷涂面漆。

活动二　漆面抛光工艺

活动目标

知识目标	能说出汽车漆面抛光作业的三大基本要素
	列举出汽车漆面抛光常用工具设备及其辅料
技能目标	能够独立完成汽车漆面抛光作业

知识准备

一般汽车表面经喷涂之后,可能会出现粗粒尘点、流痕、反白、砂纸痕、桔皮等漆膜表面的细小缺陷,为了弥补这些缺陷,通常在喷涂后使用抛光机配合抛光研磨剂,来进行研磨抛光处理,如图6-11所示,这样可以提高漆膜的镜面效果,达到平滑、光亮、艳丽的要求。

检查抛光

图6-11　漆面抛光

一、抛光作业的三要素

压力、粒度、速度这三大要素的平衡是重要的。

1. 压力

压力是按动抛光机的压力,把在平面上的抛光机的自身重量作为基础,不需要使用太大的压力,即使在侧面进行抛光作业,也是需要使用与平面同等压力,不要增加或减少压力,这样就不容易因为压力不均匀产生有的部分抛光严重,有的部位较轻而产生光圈或是划痕没有清除。

2. 粒度

粒度即是指抛光研磨剂的粒度，以切削划痕能力做区分，划痕标准是以能去除某个号数范围的砂纸来定义，如粒度在 800～1 200 之间属于粗抛(Gloss)；粒度在 1 200～4 000 之间属于中抛(Polish)；粒度在 4 000～7 000 之间属于细抛(Polish)；粒度在 7 000～12 000 属于还原去太阳纹/螺旋纹(Finish)。

3. 速度

速度即是抛光机移动速度，抛光机和盘面上的研磨剂在研磨时形成比较适宜的速度，如果速度过快，将难以控制抛光机的按压力，还会使削切量达不到，从而出现"摩擦不均匀"。

二、汽车抛光工具设备及辅料

1. 抛光机

抛光机在设计上是用于漆面抛光，如图 6-12 所示。抛光机是由电动机带动抛光盘高速旋转，由抛光盘上的羊毛球、海绵球和抛光剂共同作用与待抛光表面保持摩擦进而达到去除漆面瑕疵污染、氧化层、漆面划痕的目的。抛光盘的转速一般为 1 000～3 000 r/min，使用时可以根据不同的材料选择调节不同的磨削速度。

图 6-12　抛光机

2. 气动圆形偏心振动磨机

气动圆形偏心振动磨机主要用于配合 P1500 砂纸研磨清除清漆表面的桔皮和瑕疵，如图 6-13 所示。

3. 羊毛球

羊毛球适用于 UV 清漆、抗划痕清漆，安装在抛光机配合抛光剂可以去除砂纸痕同时赋予高度光泽，如图 6-14 所示。

图 6-13　气动圆形偏心振动磨机

图 6-14　羊毛球

4. 抛光海绵球

在抛光或者冲洗车身时,容易产生一些非常微细的划痕,这些划痕就会导致螺旋纹的产生。这种微细划痕对漆面造成不利影响并改变光反射的方向,使车身在阳光照射下并不显得完美。抛光海棉球用于安装在抛光机上配合抛光剂可以抛除深色漆面及细腻的清漆表面的螺旋纹,如图 6-15 所示。

图 6-15 海绵球

图 6-16 点修刮片

5. 点修刮片

车身重新喷涂后的表面是吸引眼球的关键,它直接体现出一项工作的可观的价值,因此喷涂的过程要认真仔细地进行。然而,也常常难免在喷涂过程中一些微小的灰尘颗粒弄脏已经喷涂的表面,用点修刮片就可以去除清漆表面上的尘点,如图 6-16 所示。

6. 微纤百洁布

微纤百洁布主要用于清除抛光残留物和指纹,如图 6-17 所示。

图 6-17 微纤百洁布

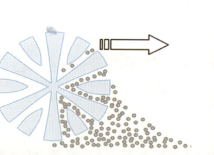

图 6-18 抛光剂

7. 抛光剂

用于配合抛光羊毛球、海棉球对漆面瑕疵、氧化层,以及漆面划痕进行处理,如图 6-18 所示,根据车身抛光类型的不同,抛光剂有不同的粒度,市场上大致分为研磨剂(重度、粗蜡)、还原剂(中度)和抛光剂(轻度、细蜡)。

三、汽车抛光作业流程

1. 抛光作业前的防护

待烤漆完成的车辆冷却后,将车辆开入抛光工位后,用遮蔽纸将车标、装饰条、门把手、倒车镜、玻璃胶条逐一封好,并将所有玻璃用遮蔽膜遮挡,防止在施工过程中误伤以上部件,同时省去施工后清洁的麻烦。

2. 漆面抛光前的检查

使用工作灯检查整个喷涂后的板件,标记漆面轻微瑕疵部位,如图 6-19 所示。

3. 研磨漆面轻微瑕疵部位

使用气动磨机配合石榴石型 P1500 砂纸,进行清漆涂层表面的桔皮及瑕疵的研磨,如图 6-20 所示,研磨时注意边角、线条,防止被磨穿。如果研磨过程中遇有粘砂纸现象,应即刻将清漆表面及砂纸表面漆尘、漆粒彻底清除后再进行研磨作业,研磨至可抛光程度即可。研磨完成后应使用专业擦拭纸将需要抛光的表面彻底清洁后再进行下一步施工。

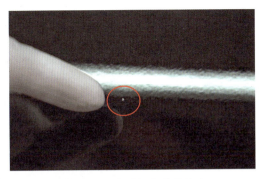

图 6-19 漆面抛光前的检查

图 6-20 研磨漆面轻微瑕疵部位

注意事项:
① 尽量使磨机平放在板件表面,以获得最佳的研磨效果。
② 磨机放到板件表面后再起动磨机,否则将损伤漆面。
③ 磨机轻放板件上,避免用力按压。
④ 磨机尽可能以最小的范围移动。
⑤ 砂纸表面如若产生粉尘,可以用软刷子将其清除,延长砂纸使用时间。
⑥ 必须确保涂料完全干燥,否则会使砂纸表面结块,以致表面出现较深的划痕。

4. 抛光

量取出三合一抛光剂均匀涂抹至高级羊毛球表面,根据研磨后的清漆涂层表面实际情况适当调整抛光机转速,将清漆涂层表面的砂痕抛除基础增亮后,通过反差清洁指示剂(脱脂剂)配合百洁布擦拭,用于抛光残留物和油迹斑点的清除,最后反复检查确认漆面轻微瑕疵是否清除,如图 6-21 所示。

注意事项:
① 先将抛光盘抵压在表面上,然后再开动抛光机。如果抛光机在接触表面以前就旋转,可

抛光工艺流程

图6-21 抛光

能会容易划伤涂料。

② 开始先将抛光剂均匀涂抹于板件表面,避免抛光剂的飞溅,减少浪费。

③ 抛光机在抛光涂料表面时必须不停地移动。如果任其在一个地方停留若干时间,涂料便会被热软化,并且可能被抛光盘和抛光剂(抛光剂会嵌入涂料中)所划伤。此外,摩擦热可能会引起板件变形。

④ 抛光时请勿用水喷洒板件表面,因为抛光剂本身是水溶性的,会影响最终的效果。

5. 深色漆面及细腻的清漆表面螺旋纹抛除

量取出细抛光剂均匀涂抹至抛光海棉球表面。根据清漆涂层表面的实际情况适当调整抛光机转速,将清漆涂层表面的螺旋纹抛除后,通过反差清洁剂配合百洁布擦拭,用于抛光残留物和油迹斑点的清除,最后反复检查确认漆面轻微瑕疵是否清除,如图6-22所示。

图6-22 深色漆面及细腻的清漆表面螺旋纹抛除

6. 再次清洁(遮蔽去除)

清洁标准顺序:玻璃清洁→漆面清洁→边缝清洁→轮毂、轮胎清洁→其他部位的清洁。

清洁流程中的细节执行标准:

① 玻璃清洁:刚施工完毕,玻璃难免有有研磨剂的灰尘,要用专用毛巾擦干净

② 漆面清洁:刚施工完,由于施工过程中难免会留下轻微印痕或灰尘,所以在交车之前要进行清理,具体办法是用专用纯绵毛巾进行清理,遇到不好清理的地方可适当使用低速抛光机配合还原剂进行清除。

③ 边缝清洁：施工中会有废料和污垢抛粘在车门、车盖等缝隙处，可用专用毛刷进行清理。

④ 轮毂、轮胎清洁：车轮也是必不可缺少的清理部位。轮毂可选用轮毂清洗剂，轮胎可选用橡胶翻新剂或轮胎泡沫清洗剂来分别进行清洗。

⑤ 其他部位的清洁：各种灯、不锈钢的饰条、字标、塑料件橡胶件的清洁。

7. 检验

检查漆面是否光亮均匀，如有残余蜡点、手印、没抛掉的划痕或外界的尘沫、水滴留在漆面上，应立即手工去除。

8. 工具整理(5S)

取下抛光盘，拔下电源，用干净的毛巾擦拭抛光机。将导线盘绕在机身上，放置时要以机器扳机柄与扶手柄为支撑。抛光后需要清理抛光盘。用清水清洗，抛光后注意盖好磨料盖子防止干燥，抛光完成，整理好工具车。

四、汽车抛光作业注意事项

① 抛光盘要保持清洁，随抛随清理。
② 新盘抛光要湿润，避免干抛。
③ 抛光随时要注意温度，特别是塑料件部分。
④ 不要在一个点停留太久，以免伤到底漆。
⑤ 研磨剂和抛光剂用量要适中，不要用太多。
⑥ 研磨剂和抛光剂要涂在抛光盘接触面中间。
⑦ 抛光原则：分块施工，遵循从上而下，由左至右，缝棱遇缝换面。遵循按井字形路线移动的原则。
⑧ 抛光盘与被抛面应小于 30°的倾角。
⑨ 每次抛光的面积不要超过 50 cm×50 cm。
⑩ 抛光时眼睛要始终观察抛光后的效果和即将抛光的漆面状态。

特别鸣谢

本书在编写过程中,参阅了多家公司的图片、资料文献与技能视频,并得到其给予的技术支持,在此一并表示感谢。
这些公司是:
- 深圳市美施联科科技有限公司
- 费斯托工具中国
- 上海特威喷涂技术有限公司
- 施必快修补漆(中国)培训中心